# Nikolaus B. Enkelmann

Gabi Böttcher

# Die Formel des Erfolgs

# Nikolaus B. Enkelmann

Gabi Böttcher

# Die Formel des Erfolgs

## Ratgeber für Sieger

Die Deutsche Bibliothek - CIP-Einheitsaufnahme

Enkelmann, Nikolaus B.:
Die Formel des Erfolgs : Ratgeber für Sieger /
Nikolaus B. Enkelmann ; Gabi Böttcher. München : mvg-Verl., 1992
  ISBN 3-478-07750-8
NE: Böttcher, Gabi:

*Gewidmet Dr. Reinfried Pohl,*
*der mir die Chance gab,*
*vielen Menschen den Weg nach oben zu zeigen.*

© mvg-verlag im Verlag moderne industrie, München/Landsberg am Lech
Umschlaggestaltung: Gruber & König
Satz: mvg-verlag, Tania Wagenknecht
Druck- und Bindearbeiten: Presse-Druck Augsburg
Printed in Germany 070 750/592602
ISBN 3-478-07750-8

# Inhalt

Vorwort                                                              7

**Teil I**

Die Suche nach dem Glück: Die ersten Erfolgstrainer                 11
Auf der Suche nach einem sicheren System                            22
Das Leben ist kein Zufall                                           29
Das Gehirn als Problemlöser                                         35
Erfolg ist nur ein anderes Wort für Leben                           42
Erfolg ist eine Frage des Charakters                                46
Ich habe keine Zeit - und Sie?                                      50
Mit Schwung aus dem Stimmungstief                                   56
Mentales Training: Der Sieg über die Angst                          63
Inspiration: Die Führungstechnik der 90er Jahre                     71
Neurolinguistisches Programmieren (NLP)                             79
Kreativ in die Zukunft                                              92
Führungs-Ethik                                                      98
Die Erfolgsformel                                                  102
Die 14 Grundgesetze der Lebensentfaltung                          107

**Teil II**

**Motivierte Mitarbeiter**
Interview mit Nikolaus B. Enkelmann                                129

**Der Weg zur Nummer 1**
Dr. Reinfried Pohl, Chef der Deutschen
Vermögensberatung                                                  134

**Ziele setzen**
Wolf-Rüdiger Tillmann, Geschäftsführer der Christ AG               141

**Ein Sieger ohne Allüren**
Klaus Mayr, Nationaltrainer 149

**Sieg des Willens**
Günter Traub, Weltmeister 158

**Komödiant aus Ernsthaftigkeit**
Claus Helmer, Theaterdirektor 162

**Erfolg kennt keine Grenzen**
Dr. Robert H. Schuller, Motivator 168

**Herausforderung durch Verantwortung**
Hans-Ludwig Zachert, Präsident des
Bundeskriminalamtes 174

**Ein "fehlerhaftes" Vorbild**
Dr. Alexander Gutowski, Zahnarzt 181

**Humane Unternehmenskultur**
Dr. Helmut Hagemann, Direktor der deutschen
McKinsey & Partner Unternehmensberatung 188

**Vertrauen schaffen**
Dr. med. Hilger Brecher, Chefarzt 196

**Der Zeit voraus**
Rolf Gerich, Oberbürgermeister von Weingarten 207

**Die Persönlichkeit ist entscheidend**
Jürgen Half, Unternehmensberater 212

**Zum Erfolg gehört Kultur**
Viviane Goergen, Pianistin 221

Literaturhinweise 227

# Vorwort

Schon wieder ein Erfolgsbuch? Ja - weil nur der Erfolg entscheidet, nicht die schönen Thesen. Ein Erfolgssystem muß sich im Alltag bewähren, es muß im Büro, bei der Mitarbeiterführung, beim Kunden, im Privatleben zu "sichtbarem" Erfolg führen.

"Die Formel des Erfolgs" ist für Menschen geschrieben, die Veränderungen einleiten und durchsetzen wollen. Dieses Buch ist nicht für Menschen, die ertragen, erleiden oder alles hinnehmen wollen. Es ist auch nicht für Zauderer, sondern für Menschen, die ihre Chancen erkennen und nutzen. "Die Formel des Erfolgs" ist ein Buch für Menschen mit einer positiven Einstellung zum Leben und zur Welt. Unsere Grundüberzeugung ist:

-   Jede Person ist einzigartig.
-   Jeder Mensch besitzt genügend Ressourcen.
-   Der Alpha-Zustand ist ein natürlicher Zustand.
-   Suggestion ermöglicht die Nutzung der menschlichen Ressourcen.
-   Das Unterbewußtsein, die Weisheit des Ganzen, kann autonom, intelligent und wohlwollend arbeiten.
-   Das Unterbewußtsein ist ständig wach, es registriert alles, viel mehr als das Bewußtsein.
-   Das Unterbewußtsein nimmt dem Bewußtsein Arbeit ab und macht uns das Leben leichter.

Liebe Leser, vielleicht können Sie sich mit den nachfolgenden Punkten identifizieren. Erfolgreich sein heißt:

-   die Probleme seiner Zeit erkennen,
-   nach dem Sinn des Lebens suchen,
-   bereit sein, Verantwortung zu übernehmen,
-   an der Entfaltung seiner Persönlichkeit zu arbeiten,
-   wertvolle Ziele sein eigen zu nennen,

7

- Initiative zu ergreifen,
- mit seiner Zeit umgehen zu können,
- Strategien zu entwickeln, um Probleme zu lösen,
- eine starke Persönlichkeit zu entwickeln,
- Mut zu zeigen,
- Menschen motivieren zu können,
- mit seiner positiven Ausstrahlung andere anzustrahlen,
- sich einer vitalen Gesundheit zu erfreuen,
- wertvolle Freunde zu besitzen,
- das Leben genießen zu können,
- soziales Engagement zu zeigen.

"Die Formel des Erfolgs" ist kein Roman. Studieren Sie daher zunächst das Inhaltsverzeichnis, und streichen Sie mit einem Leuchtstift die für Sie wichtigsten Kapitel an. Erarbeiten Sie zuerst nur diese Kapitel, studieren Sie sie nicht länger als 15 Minuten, und streichen Sie wichtige Sätze mit einem Leuchtstift an.

Erarbeiten - umsetzen - anwenden muß das Ziel sein, denn der Erfolg entscheidet. Machen Sie viele Randbemerkungen und Ausrufungszeichen. So erarbeiten Sie sich nach und nach das Wissen und die Strategie für Ihre persönlichen Erfolge. Unser gemeinsames Ziel sollte sein: "Das Wissen wird zum Können."

*Nikolaus B. Enkelmann*

# Teil I

# Die Suche nach dem Glück:
# Die ersten Erfolgstrainer

*"Das Dasein des Weisen wird nur in nebensächlichen Dingen vom Zufall gestört, denn die wichtigen, wirklich bedeutenden Dinge hat seine Überlegung im voraus geregelt, hält sie auch im Laufe der Zeit in Ordnung und wird sie immer in Ordnung halten." (Epikur)*

**Was erwartet Sie in diesem Kapitel?**

Die Philosophie des Erfolges

Von Epikur bis heute

\* \* \*

Wissen Sie eigentlich, daß die Philosophie des Erfolges viele Väter hat? Sie hat sich quer durch die Jahrhunderte, in den verschiedensten Kulturen und unter ganz unterschiedlichen Bedingungen bewährt. Es ist vielleicht das fundierteste System zur Persönlichkeitsentwicklung.

Wir haben unseren Vorfahren gegenüber einen entscheidenden Vorsprung: Wir haben die Chance, alle Weisheitslehren der Welt und der Geschichte zu sammeln, zu ordnen und Nutzen daraus zu ziehen. Dabei orientieren wir uns an den Lehren, die unser ganz persönliches Leben im Hier und Heute positiv prägen.

Fast jede der nun folgenden Lehren und fast jeder der aufgeführten Weisheitslehrer oder Philosophen baut zumindest im Detail auf dieser Maxime auf und zeigt uns, daß wir überall etwas finden und entdecken können, das für uns auch heute noch Gültigkeit hat.

Angefangen hat die Philosophie des Erfolges mit Epikur, der im Jahre 341 v. Chr. auf Samos geboren wurde und mit 14 Jahren in die Schule des Nausiphanes nach Theos ging. Sein militärisches Jahr leistete er in Athen ab und kehrte dann zu seinen Eltern nach Kolophon im Westen Kleinasiens zurück. Über die Stationen Mytilene auf Lesbos und Lampsakos kam Epikur mit seinen Anhängern nach Athen, wo er sich 306 v. Chr. niederließ und von dort seine Heilsbotschaft verbreitete. Hier lebte und lehrte Epikur 35 Jahre lang ohne Rücksicht auf Geschlecht oder Rang seiner Anhänger ein freudvolles, Geist und Körper sinnerfüllendes Leben. Im Jahr 270 v. Chr. starb Epikur im 72. Lebensjahr in dem Bewußtsein, der Menschheit durch seine Philosophie einen Dienst erwiesen zu haben.

Der Schüler des "lachenden Philosophen" Demokrit sah das höchste Gut des Menschen in der Glückseligkeit, die aus der Ruhe und Heiterkeit der Seele kommt. Epikur, stark beeinflußt von seinem Lehrmeister, sah vor allem in der Freundschaft mit Gleichgesinnten die Möglichkeit, das höchste Ziel zu erreichen: die Überwindung der Angst und damit den vollkommenen Frieden der Seele. Um dieses Ziel zu erreichen, bedürfe es der Weisheit und Bildung, aber auch des Vergnügens. "Wenn du alle Sinneswahrnehmungen verwirfst", begründete er seine sinnesfrohe Philosophie, "dann besitzt du auch keine Stütze, auf die du dich beziehen kannst, um eine einzelne für irrig zu erklären." Doch Epikur lehrte auch Sätze wie "Geben ist seliger als Nehmen" und brachte damit zum Ausdruck, daß Freude schenken und Freundschaft zu den höchsten Gütern des Lebens gehören. Religion und Aberglauben waren für den Philosophen dagegen die Wurzeln des Übels, weil sie statt Lebensfreude Todesfurcht verbreiten. "Es ist sinnlos, von den Göttern zu fordern, was man selbst zu leisten vermag", erklärte er die Abkehr von blindem Gottvertrauen und die Hinwendung zu Selbstverantwortung.

Weil Epikur die Lust zum höchsten Gut des Menschen erklärte -

"... durch Freuden werden wir gestärkt, durch Schmerzen aber geschwächt" -, wurde er oft mißverstanden als der Philosoph des Unglaubens und des ungezügelten Sinnengenusses. Dabei unterschied er stark zwischen dem erstrebenswerten dauerhaften Guten und den oberflächlichen Reizen des Augenblicks. Er propagierte die Selbstgenügsamkeit des einfachsten und bedürfnislosesten Weges zur Freiheit, in der sich die Würde des Menschen offenbart und ihn von der "Zwangsherrschaft der Furcht" befreit. Damit ist nicht die Freiheit gemeint, zu tun, was immer beliebt, aber ebensowenig, einem Dogma zuliebe den Neigungen abzusagen. In seinem Brief an Menoikeus schrieb Epikur: "Wenn wir sagen, daß die Lust das Ziel sei, meinen wir nicht die Lust des Wüstlings, die ganz im Genießen aufgeht, sondern die Freiheit von körperlichen Beschwerden und von Beunruhigungen der Seele." Epikur litt selbst lange unter einem sehr schmerzhaften Nierenleiden, das er mit Hilfe seiner Philosophie der Freude und Sinnlichkeit ertragen konnte. Er vertrat die Überzeugung, daß die seelischen Schmerzen schwerer zu ertragen seien als die körperlichen, denn im Unterschied zum Körper sei die Seele nicht nur vom Gegenwärtigen, sondern auch vom Vergangenen und Zukünftigen belastet. Dies sei aber auch der Grund dafür, daß die Freuden der Seele die größeren seien. Unter Sinnlichkeit verstand Epikur also nicht die körperliche, sondern die seelische Befriedigung. In seinem Brief an Menoikeus schrieb er weiter: "... für keinen ist es zu früh und für keinen zu spät, sich um die Gesundheit der Seele zu kümmern."

Die freie Geisteshaltung und die Harmonie der Seele war für ihn das Ziel, das durch kein noch so ideal erscheinendes Bestreben in Frage gestellt werden dürfe. Selbst die Wissenschaft hatte für Epikur nur den Zweck, der menschlichen Freiheit zu dienen. In seiner Philosophie hat der Einklang mit den Naturgesetzen die höchste Bedeutung. Den Menschen sah er als Teil der Natur, geschaffen zur Gemeinschaft. "Wenn du deine Handlungen nicht jederzeit nach dem von der Natur gesteckten Ziel ausrichtest", mahnte er, "sondern ihnen, mag es sich um Meiden oder Streben handeln, vorher irgendeine andere Richtung gibst, dann werden deine Taten nicht mit einem vernünftigen Denken übereinstimmen."

Epikur gründete die erste Kuranstalt der europäischen Geschichte. In Athen erwarb er dafür ein Gartengrundstück, weshalb man die Epikureer auch die "Philosophen des Gartens" nannte. Hier verbreitete er auch seinem großen Schüler- und Freundeskreis seine Lehre der Lebenskunst und Lebensfreude. In einem der Kernsätze der Lehre Epikurs heißt es: "Ein lustvolles Leben ist nicht möglich ohne ein einsichtsvolles, lobenswertes und gerechtes Leben und ein einsichtsvolles, lobenswertes und gerechtes Leben nicht ohne ein lustvolles." Und ein weiterer Lehrsatz sagt: "Die Summe des Glücks ist die Gesundheit des Körpers und der Seele." Liebe, Harmonie und Weisheit - untrennbar verbunden mit Lebensfreude und Freiheit von Haß und Gier: Das ist das Grundprinzip der Epikureer. Und der Gründer dieser Denkrichtung, Epikur, war der erste, der seine Lehre systematisch weitergab, etwa zu vergleichen mit einer Universität. Seine Schule ist die einzige, die über Jahrtausende hinweg ihre Gültigkeit behielt.

Die Philosophie der Stoiker sah eher die Weisheit untrennbar mit den Attributen Tugend, Ruhe und Gelassenheit verbunden. Gründer der Stoa war ein Mann namens Zenon aus der kleinen Stadt Kinion auf Zypern. Seine Lehre war nicht gerade eine Philosophie der Lebensfreude wie die epikureische, aber sicher gleichfalls eine Philosophie der "Suche nach dem Glück". Während den Epikureern die Tugend der Lust diente, sahen die Stoiker das Glück in der Tugend des Verzichten-Könnens. Freilich waren auch dafür Gesundheit und viel Kraft unerläßlich - vor allem aber Gelassenheit. Der Weg zur inneren Freiheit und Seelenruhe, so lehren die Stoiker, führt über die "Nichtachtung all dessen, was nicht in unserer Macht steht". Noch heute verstehen wir unter stoischer Ruhe, wenn ein Mensch sich nicht "aus der Fassung bringen läßt" und durch Nichtbeachtung des Negativen gleichmütig auf die Widrigkeiten des Lebens reagiert.

Die alten Ägypter wurden hingegen schon vor vielen tausend Jahren von ihren Alltagserfahrungen geprägt: Im Mittelpunkt ihres religiösen Denkens stand die Wechselwirkung von Chaos und Kosmos, mit der sie den Zustand der Welt vor und nach der Schöpfung beschrieben und die sie im Rhythmus der Natur wiederfanden. Dem Chaos der alljährlichen Nilüberschwemmungen folgte immer wieder die Vegetation, die Fruchtbarkeit, das Leben. Tod und Leben, das Diesseits und das Jenseits waren die immer wiederkehrenden Mythen. Der Fruchtbarkeitsgott Osiris war gleichzeitig auch der Gott des Todes, und die Himmelsgöttin Nut wird in den altägyptischen Reliefs als Verbindungsglied dargestellt zwischen Himmel und Erde, Tag und Nacht, Sonnenuntergang und Sonnenaufgang, zwischen Werden und Vergehen. Die Natur war also das Vorbild für die Mythen und die Religion im alten Ägypten.

Die altchinesischen Philosophen gaben dem Phänomen der Wechselwirkungen und der in Beziehung zueinander stehenden Gegensätze die Bezeichnung Yin und Yang. Die Wissenschaft von Yin und Yang sah ihre erste Aufgabe darin, Ordnungen und Beziehungen im Universum zu erkennen und eine Struktur darin zu sehen, die in der Ganzheit und nicht im Gegensatz ihren Sinn (= Tao) findet: Tag und Nacht, Mann und Frau, Jugend und Alter, Sommer und Winter - im Wechsel und im Gegenpol erst manifestiert sich die Ganzheitlichkeit.

In den fernöstlichen Heilsbotschaften Yoga und Zen steht der Bezug zum "Ich" im Vordergrund. Das indo-iranische Yoga sieht als Ziel die Erfahrung des "Selbst", das Innewerden. Alle Strömungen des Yoga haben die selbstreinigende Besinnung mit einer positiven Wirkung nach außen gemeinsam. Das "Zen" ist eine aus dem chinesischen Ch'an-Buddhismus stammende buddhistische Entwicklung in Japan und weist den Weg zum Selbst durch erlebte innere Erfahrung und jenseits intellektueller Bemühungen vor allem mit Hilfe von Entspannungs-, Konzentrations- und Atemtechniken.

Im Sufismus, der Mystik des Islam, hat die Intuition den höchsten Stellenwert, oder auch: die Kenntnis des Verborgenen. Der Sufismus basiert auf einer tiefen Religiosität, mit deren Hilfe ein Sufi sich in den Zustand völliger Ekstase versetzen kann, in der er beispielsweise unempfindlich gegen Feuer oder Verletzungen wird. Die auch heute noch weltbekannten persischen "Derwische", wandernde islamische Bettelmönche, sind von der

Sufi-Lehre stark beeinflußt und versetzen sich mit rituellem Tanz und Musik sowie mit Atem- und Bewegungstechniken in Trance. Sie können sich damit in andere Bewußtseinszustände versetzen und zu Schmerzunempfindlichkeit gelangen.

"Die Möglichkeit einer höheren Kultur" sah Goethe in der religiösen Lehre Zarathustras, einem persischem Propheten aus dem letzten Jahrtausend vor Christus, der die Welt im Dualismus eines bösen Geistes und eines guten Lichtgottes deutete und in der Religion des Parsismus manifestierte. Indem der Mensch sich für die Wahrheit und das Gute entscheidet, kann diese Gegnerschaft aufgehoben werden und der gute Gott Ahura Masda endgültig über das Böse siegen. Das Besondere an dieser Lehre liegt zum einen darin, daß der Mensch die Entscheidung über seine Zukunft selbst trägt, zum anderen darin, daß er mit dieser Entscheidung zu innerem Frieden und vollkommener Harmonie gelangt. Goethe setzte dieser Lehre der freien Entscheidung in seinem "Faust" ein Denkmal. Eine spirituelle Wiederbelebung erhielt die Sonnenreligion Zarathustras durch die von Otto Hanisch in den USA gegründete esoterische Gruppe Mazdaznan. Eine strenge vegetarische Lebensweise und kontrollierte Atemübungen sollten die Entscheidung für die Wahrheit und das Licht positiv beeinflussen.

In den westlichen Weisheitslehren sind vor allem die Alchemisten und die Freimaurer erwähnenswert. Die Alchemisten beschäftigen sich seit dem Altertum mit der Möglichkeit, den "Stein der Weisen" herzustellen, als Lebenselexier, das Krankheit und Alter vertreiben soll. Mit Beobachtung, Überlegung und Meditation sollten die Geheimnisse der Natur enträtselt werden. In Bilder und Symbole verschlüsselte Wirklichkeiten sollten die unterbewußten Kräfte positiv ansprechen und zu konstruktiven Assoziationen führen.

Das Freimaurertum geht von einer Ordnung im Universum aus, die entdeckt werden muß und in einem Symbol dargestellt werden soll. In der Baukunst sollte die Magie der Rhythmen und Proportionen in der Natur dargestellt und damit die sittliche Verbesserung des Menschen bewirkt werden. Ziel ist die ständige materielle und spirituelle Erweiterung der Persönlichkeit innerhalb einer

16

unauflöslichen Gemeinschaft, in der jeder für jeden verantwortlich ist. Die Freimaurer sehen in der Hinordnung ihrer Gedanken, Gefühle und Absichten auf ein über ihre Persönlichkeit hinausgehendes Ziel das Menschliche im eigentlichen Sinne.

Anfang des 16. Jahrhunderts soll der Gründer des Jesuitenordens, Ignatius von Loyola, seine Exerzitien - eine Anweisung zur sinnlichen Erfahrung des Heilsgeschehens - in Trance und unter Visionen niedergeschrieben haben. Dieses übersinnliche Phänomen führte zu der Legende, daß der später Heiliggesprochene direkt nach dem Diktat der heiligen Maria geschrieben hatte.

All diese verschiedenen Strömungen der Philosophie und Psychologie prägten die Lehren der Heilslehrer der Neuzeit. Der Armenier Georg Iwanowitsch Gurdjew faßte unterschiedliche Lehren und Erfahrungen zu einem ganzheitlichen System zusammen und eröffnete 1922 auf Schloß Avon bei Fontainebleau sein "Institut zur harmonischen Entwicklung des Menschen". Mit praktischen Übungen aus dem Erfahrungsschatz der Fakire, Mönche und Yogis führte er seine Schüler auf den Weg der "Selbst-Erinnerung". Die Möglichkeit einer erfahrbaren tieferen Wirklichkeit des Menschen war das Ziel seiner Lehre.

Ein Mensch, der im Körperlichen wie im Geistigen alle seine Möglichkeiten ausschöpft - dieser Vision verschrieb sich Baghwan Shree Rajneesh.

Mit seinem Shree Rajneesh Ashram im indischen Poona eröffnete er 1974 das größte spirituelle Zentrum der modernen Welt, in dem er östliche Meditationstechniken mit westlicher psychologischer Wachstumsphilosophie verband. Der umstrittene "Guru" gründete außerdem eine "Welt-Akademie für kreative Wissenschaften, Künste und Bewußtsein" mit dem Ziel, Wissenschaftler von Rang anzusprechen, um die Erde durch ein kreatives und meditatives Sichtfeld vor dem Untergang zu bewahren.

Auf der Grundlage des Yoga und der Autohypnose entwickelte der Berliner Nervenarzt Johannes Heinrich Schulz das Autogene Training, eine autosuggestive Methode der Selbstentspannung, deren Erfolg sich vor allem durch die formelhafte Wiederholung von

Vorsätzen in Tiefenentspannung und durch ineinandergreifende Konzentrationsübungen begründete.

Bereits in den 20er Jahren entwickelte Oscar Schellbach seine "Schule des Erfolges", wo er sein Erfolgssystem in Form von Seminaren vermittelte. Die Schellbach-Methode hatte die persönliche Einflußnahme des Menschen auf seine Lebensgestaltung zum Ziel, den willensstarken, selbstbewußten und kämpferischen Menschen, der gegen Enttäuschungen und Mißerfolge im Leben gewappnet ist. Schellbach selbst definierte seine Methode mit den Worten: "Die meisten Menschen führen ihren Lebenskampf nicht nur planlos, sondern auch mit schlechten Mitteln. Kein Wunder, daß sich trotz aller Bemühungen kein rechter Erfolg im Leben einstellen will. Das ändert die Anwendung meines Erfolgssystems. Es zeigt nicht nur die guten Mittel, sondern auch zugleich einen fast von jedermann gangbaren Weg, sie mit Erfolg anzuwenden." Die Seminarinhalte konnten durch die Lehrbücher Oscar Schellbachs vertieft und in ihrer Wirksamkeit praktisch überprüft werden.

EKS - die "engpaßkonzentrierte Strategie" - von Wolfgang Mewes bezieht sich auf die Zielklarheit und geht davon aus, daß sich alles im Leben auf einen Punkt konzentrieren muß, wenn man Erfolg haben will. Damit entspricht seine Lehre in vielen Dingen meinem 13. und 14. Grundgesetz der Lebensentfaltung.

Der Philosoph und Künstler Dr. Gustav Großmann hat sich in seinem Buch "Sich selbst rationalisieren" als Rationalisierungsfachmann nicht nur für Arbeitsmethoden, sondern auch für das eigene Ich behauptet. Seine Methode wurde von Hirth als Fernkursus umgesetzt.

In den Vereinigten Staaten sind vor allem vier Vertreter der - im weitesten Sinne - positiven Denkrichtung zu internationaler Anerkennung gekommen: Prof. Viktor E. Frankl, Norman Vincent Peale, Dr. Joseph Murphy und Dr. Robert H. Schuller. Auf den "konstruktiven Denker" Schuller und den Begründer der Logotherapie, Viktor Frankl, gehen wir an anderer Stelle dieses Buches genauer ein.

Norman Vincent Peale gilt als eine der Symbolfiguren des "Positive Thinking" in den USA. In seinem Standardwerk "Die

18

Kraft des positiven Denkens" definierte Peale Erfolg vor allem als die selbstverständliche Bereitschaft, sich nicht nur um sich selbst, sondern auch um andere Menschen und um die Probleme der Welt zu kümmern. Im Glauben an sich selbst sieht er den Grundstein für Erfolg und Lebensglück und den positiven Umgang mit anderen, denn: "Ein Mensch, der an sich selbst glaubt, kann offen und frei von negativen Gefühlen wie Neid, Mißtrauen oder Verachtung auf andere zugehen."

Der Religions-, Rechtswissenschaftler und Philosoph Dr. Joseph Murphy erreichte mit seinem Werk "Die Macht Ihres Unterbewußtseins" Weltruhm. Er hielt unzählige Vorträge im Radio und Vorträge zu Themen wie der Vervollkommnung des Menschen. In seinen Büchern beschäftigte er sich vor allem mit den unbewußten Kräften, die den Weg zu Glück und Erfolg ebnen.

Ganz anders Dale Carnegie, dem es nie um psychologische Theorien ging. Sein mittlerweile weltberühmter Lehrgang war als "Labor der menschlichen Beziehungen" konzipiert. Er sollte sich an den gesunden Menschenverstand richten. Freunde gewinnen und erfolgreicher werden im Privatleben wie im Beruf - diese klaren wie einfachen Inhalte stehen im Mittelpunkt der Dale-Carnegie-Kurse, die von Intellektuellen zwar als vereinfachend kritisiert werden, von Praktikern und Durchschnittsmenschen aber verstanden und umgesetzt werden können. Carnegie selbst litt viele Jahre unter Versagensängsten und fürchtete sich davor, frei vor einer Gruppe von Menschen zu reden. Nach systematischem Training entwickelte er seine große rhetorische Kraft, mit der er den Grundstein für seinen Erfolg legte. Carnegie starb 1955, doch seine Methode findet heute noch weltweit den Zulauf von Millionen Menschen.

An der Vielzahl dieser Beispiele können Sie erkennen, daß es immer und überall in der Weltgeschichte Menschen gab und gibt, die mit ihrem Denken und Handeln Berge versetzen konnten. Schon immer gab es Methoden, die aufzeigten, daß jeder Mensch in der Lage ist, sein Leben bewußt und positiv zu gestalten. Vieles mußte unberücksichtigt bleiben.

Aber Sie sehen: In fast jeder Lehre liegt eine Weisheit, die meine Philosophie mit beeinflußt hat. Positives Denken, Erfolgsdenken ist keine Erfindung von heute und schon gar nicht von mir. Ich kenne meine Wurzeln und bin stolz auf die Tradition meiner Denkrichtung. Die Orientierung an den Lehren anderer Menschen, Kulturen und Religionen ist eine faszinierende und wertvolle Sammlung von Weisheiten, die einen tiefen Einblick in die Erforschung des menschlichen Geistes und Seelenlebens geben.

Was mit Epikur begonnen hat, ist heute zu einer für alle erreichbaren und praktizierbaren Erfolgsmethode geworden.

Wichtige **Punkte**, die ich kurzfristig anwenden werde:

1. _____

2. _____

3. _____

Wichtige Änderungen in meiner Lebensführung:

1. _____

2. _____

3. _____

Punkte, die ich im Fernsehen und bei starken Persönlichkeiten beachten werde:

1. _____

2. _____

3. _____

Aussagen, die ich mit Freunden diskutieren möchte:

1. _____

2. _____

3. _____

# Auf der Suche nach einem sicheren System

**Was erwartet Sie in diesem Kapitel?**

Der Werdegang von Nikolaus B. Enkelmann

Das Institut in Königstein

Die Psychologie des Erfolgreichen Weges

\* \* \*

Als Schüler war ich kein As, und ich werde den Tag nicht vergessen, an dem ich meine Englisch-Lehrerin fragte: "Was kann ich tun, um meine Nervosität vor Klassenarbeiten zu bekämpfen?" Sie gab mir kurz und bündig die Antwort, wenn ich nervös sei, müsse ich einfach mehr lernen.

Heute weiß ich: Das war wohl der dümmste Rat, den ein Pädagoge geben kann. Das war zu Beginn der 50er Jahre. Von Autogenem Training, Autosuggestion und anderen Methoden zur Aktivierung der Persönlichkeit wußten damals selbst Ärzte nichts. Es gab kaum Literatur über Yoga, Mystik oder Magie. Über die seelischen Kräfte des Menschen zu sprechen war noch nicht "in".

Zweimal im Jahr gab es in meiner Heimatstadt eine große Kirmes, die ich immer kaum abwarten konnte. Mich interessierten nicht die Karussells, nicht die Würstchenbuden, mich interessierten die Show-Buden, denn dort traten Fakire auf, die wahre Wunder vollbringen konnten.

Von jeher faszinierte es mich, wie es Menschen gelang, ihre

Grenzen zu überwinden. Vielleicht könnte auch ich eines Tages lernen, meine Schwächen zu überwinden.

So las ich Freud, Adler, war begeistert von Jung, von Nietzsche und Dostojewski. Besonders angetan hatte es mir ein kleines Reclam-Heft von Prof. Alfred Brauchle "Von der Macht des Unbewußten", das ich immer wieder las, aber nicht umzusetzen verstand.

Jahre später studierte ich in Berlin Psychologie bei Hochheimer und Haseloff und hörte mit Begeisterung Vorlesungen über Soziologie bei Goldschmidt. So eignete ich mir immer mehr psychologisches Wissen an, lernte durch die Psychoanalyse meine Probleme verstehen, wußte sogar, wo und wie sie entstanden waren, nur - ich hatte meine Probleme noch immer und so wie mir damals geht es Tausenden von Menschen heute.

Tiefe Einblicke verschafften mir die Vorlesungen von Prof. Schulz, dem Vater des Autogenen Trainings. Wie gebannt verfolgte ich seine Hypnosesitzungen. Dieser Mann hätte eigentlich den Nobelpreis verdient, denn er führte in die chemisch ausgerichtete Medizin die Macht des Denkens ein. Auch den Placebo-Effekt nutzte er für die Genesung der Patienten.

Im Sommer fuhr ich regelmäßig nach Bad Harzburg, um Kurse bei Heinrich Helmel zu belegen. Dort lernte ich zum ersten Mal die große Bedeutung der Atemtechnik kennen. Täglich wurden bei ihm fünf Stunden Yoga nach westlicher Art gelehrt. Von Heinrich Helmel lernte ich, wie man durch ganz gezielte Übungen den Körper dazu bringen kann, eine überschäumende Vitalität zu entfalten. Am letzten Tag eines Seminares lernte ich eine Dame aus Belgien kennen, die mir den Tip gab, mich an Oscar Schellbach in Baden-Baden zu wenden, um noch mehr zu erfahren.

Das war 1957. Ein Vierteljahr später erlebte ich die faszinierende Persönlichkeit Oscar Schellbachs. Eine neue Welt eröffnete sich mir. Dieser große deutsche Psychologe sagte, daß nicht die Umwelt, nicht die Erbanlagen, sondern daß der Mensch durch seine Erkenntnis sein Schicksal steuern kann. Er lehrte die Kunst der Befreiung vom Negativen.

Er berührte dabei immer wieder den entscheidenden Punkt:

"Der Mensch hat nur zwei Probleme: mit sich und den anderen richtig umzugehen."

Es hörte sich alles so plausibel, so einfach an - doch immer wieder wurde ich von den zweifelnden Fragen bedrängt: Was ist wirklich möglich, was läßt sich realisieren, lassen sich die Grenzen des Menschen verschieben? Nach drei Tagen hatte ich keinen Zweifel mehr und ich begann zu trainieren. Mein Leben wandelte sich.

Neben der Psychologie galt mein ganzes Interesse der Politik. So hatte ich täglich die Möglichkeit, mein Erfolgswissen in der Praxis anzuwenden. Ich wurde Parteimitglied, dann Kreissprecher der Jungen Union, später stellvertretender Bezirksvorsitzender, machte die Ochsentour, gewann Wahlkämpfe, ging in den Kreistag, war Landrat und kandidierte für den Bundestag.

Schon als junger Mensch mußte ich erfahren, daß gute Ideen zu haben allein nicht genügt. Man muß überzeugen, man muß reden und die Menschen fesseln können. So lernte ich, die Macht der Sprache auszuüben, die Kunst der Rhetorik zu beherrschen. Die gewonnenen Erfahrungen gab ich in Hunderten meiner Seminare weiter.

Ende des Jahres 19.., in der Woche nach Weihnachten, faßten meine Frau und ich die wohl wichtigste Entscheidung in meinem Leben. Ich zog mich von einem Tag auf den anderen aus der Politik zurück und wandte mich ganz der Persönlichkeitspsychologie zu. Überall in Deutschland leitete ich Seminare. Inzwischen war mein Lehrmeister Oscar Schellbach gestorben. In seinem Institut wurden keine Seminare mehr durchgeführt. Vier Personen hatten versucht, das Lebenswerk Oscar Schellbachs fortzuführen, hatten aber alle kurz vor dem Start aufgegeben. Die Bürde war einfach zu groß. In Baden-Baden trug man sich schon mit dem Gedanken, das Institut zu schließen.

Durch mein Training war mein Selbstbewußtsein so gestärkt, daß ich mir zutraute, das Institut zu übernehmen und "Das Erfolgssystem", das ich zehn Jahre zuvor kennengelernt hatte, weiterzuführen. Der persönliche Beweis war erbracht: Nicht das Nachdenken, sondern das Training macht den Menschen groß.

Es war eine großartige Zeit. Das Schellbach-Haus blühte wieder

24

auf, meine Aufgaben wuchsen, und meine Erfolge wurden die Erfolge anderer. 1976 konnte ich mit Prof. Baldur Preimel das Mentale Training in den Sport einführen und der Österreichischen Nationalmannschaft beistehen. Bei der Olympiade in Innsbruck gewann Karl Schnabel die Goldmedaille, Toni Innauer die Silbermedaille. Es war ein Triumph des Mentalen Trainings, als Toni Innauer sechs Wochen später in Garmisch-Partenkirchen Weltmeister wurde. Als erster Mensch übersprang er im Skiflug die 176-Meter-Marke.

Prof. Baldur Preimel hatte zuerst versucht, eine Leistungssteigerung mit Hilfe des Autogenen Trainings zu bewirken, leider ohne Erfolg. Denn die Formel "Meine Arme und Beine werden schwer" kann keine Sieger produzieren, was übrigens auch für andere Lebensbereiche gilt. Seit dieser Zeit arbeiten wir daher nur noch mit der Formel: "Alles wird leicht, auch Arme und Beine werden leicht." In unserem System wird es den Menschen nicht schwergemacht, wir versuchen, sie zu beflügeln.

In dieser Zeit lernte ich viele der großen Lehrmeister Europas kennen, so z.B. Harry Edwards, den größten Geistheiler Englands, Shirinandi, ein Weggefährte von Yoganannda, Yesudian und Andre van Lysebeth, Personen mit herausragenden Kenntnissen der menschlichen Psyche.

Gerne erinnere ich mich an die anregenden Gespräche mit Viktor Frankl, dem wohl größten lebenden Psychologen. Viktor Frankl entwickelte seine positive Psychologie unter schwerster Belastung im Konzentrationslager. "Trotzdem Ja zum Leben" ist sein Motto. Das Wichtigste im Leben eines Menschen ist nach Frankl die Frage nach dem Sinn des Lebens. Unsere Methode in Königstein will dazu führen, diesen Sinn zu realisieren.

1978 eröffneten wir unser Institut mit Harry Valerien in Königstein. Nochmals begann ein neuer Aufstieg. Immer wieder wurde ich auch in dieser Zeit von großen Persönlichkeiten inspiriert. Ich führte mit ihnen Seminare durch, die sich gegenseitig ergänzten und befruchteten, so mit Hans Hass und seiner Energontheorie, mit Frederic Vester und seinem vernetzten Denken oder Klaus Bick von der Pfälzer Hypnoseklinik.

Meine Fähigkeit, Menschen aufzuwecken, ihre Talente zu entzünden, sie zu mobilisieren, wuchs. Kein Wunder, daß auch die Industrie unser Erfolgssystem entdeckte und um Hilfe bei der Lösung ihrer Probleme bat. Doch mein Hauptinteresse galt und gilt den Menschen, die von *sich* aus ihrem Leben Sinn und Inhalt geben wollen. Viele Kurse gab ich für Schüler im Alter von 10-14 Jahren. Mein ältester "Kunde" war ein Krebsforscher aus München im Alter von 82 Jahren.

Immer wieder wurde die Psychologie des erfolgreichen Weges verbessert. Natürlich schaute ich auch über den Zaun nach Amerika, kenne die großen Erfolge von Milton H. Erikson. Sein großartiges Verdienst bestand darin, psychologische Techniken zu entwickeln, um die Grenzen, Widerstände und Vorurteile im Menschen zu überwinden. Ich schätze meine Kollegen Zig Ziglar und Anthony Robbins. Doch alle wurden übertroffen von Dr. Robert Schuller, den ich oft in Amerika besuchte.

Dr. Robert Schuller, der wohl größte positive Motivator, aktiviert jeden Sonntagmorgen in fast 50 Ländern der Welt Millionen von Menschen. Er baut sie durch die Kraft des gesprochenen Wortes auf, gibt ihnen Mut und Zuversicht. Sie bemerken: "Erfolg kennt keine Grenzen."

So konnte ich effektive Techniken entwickeln, die den Menschen befreien und groß machen, denn wir brauchen wertvolle Persönlichkeiten am Ende des 20. Jahrhunderts, erfolgreiche Frauen und Männer.

RTL plus gab mir die Chance, über das Fernsehen eine Massenhypnose durchzuführen. Die Zuschauer wurden zu Hause nicht nur in Hypnose versetzt, sondern gewöhnten sich auch das Rauchen ab. Die Sendung hatte eine so große Resonanz, daß sie noch dreimal wiederholt wurde. Mit diesen Fernsehsendungen von je zwei Stunden Dauer, gelang es, den Menschen zu helfen, ihre negativen Gewohnheiten zu überwinden.

Worin liegt nun der Unterschied zu anderen Erfolgssystemen? Sie kennen das Sprichwort: "Der Weg zur Hölle ist gepflastert mit guten Vorsätzen!" Gute Vorsätze hat wohl jeder Mensch, ganz gleich wie er zu ihnen kommt, durch eine Planungsmethode oder durch Intuition. Ziele und Wünsche mag er haben, aber wenn das Unterbewußtsein nicht mitmacht, erleidet der Mensch Schiffbruch. So liegen unsere Bemühungen darin, das Unterbewußtsein in den Griff zu bekommen und vor den großen Karren des Lebens zu spannen.

Erstaunlich ist, wie viele Kollegen und Trainer den Weg nach Königstein finden. Sehr viele Menschen kommen regelmäßig wieder, um sich von negativen Einflüssen zu befreien, um das Unterbewußtsein zu trainieren, zu konditionieren und noch größere Erfolge zu erlangen. Es sind Menschen aus allen Lebensbereichen, die ihrem Leben Sinn und Inhalt geben wollen, die sich verwirklichen wollen.

Wichtige Punkte, die ich kurzfristig anwenden werde:

1. _____

2. _____

3. _____


Wichtige Änderungen in meiner Lebensführung:

1. _____

2. _____

3. _____


Punkte, die ich im Fernsehen und bei starken Persönlichkeiten beachten werde:

1. _____

2. _____

3. _____


Punkte, die ich in der Diskussion besprechen sollte:

1. _____

2. _____

3. _____

# Das Leben ist kein Zufall

**Was erwartet Sie in diesem Kapitel?**

Der Zufall in der Evolution
Der Zufall im technischen Fortschritt
Mit dem Zufall umgehen können

* * *

Der Zufall wird oft strapaziert, wenn es darum geht, Ausreden zu erfinden. "Der Zufall ist schuld, daß aus mir nichts geworden ist" "Der Zufall hat mich hierher verschlagen." "Das Auto hat mich zufällig überfahren"

Auch die angenehmen Dinge werden gern dem Zufall zugeschrieben: zufällig trifft man die Frau seines Lebens, zufällig lernt man einen Menschen kennen, der die besten Kontakte vermittelt, zufällig erfährt man von einer gerade freigewordenen interessanten Stelle ... Alles Zufall?

Ist es Zufall, ob man gesund oder krank, glücklich oder unglücklich, erfolgreich oder erfolglos ist, ob man eine gute oder eine schlechte Ehe führt? Regiert und bestimmt der Zufall wirklich über das Leben jedes einzelnen Menschen?

Viele Menschen glauben, daß der Mensch ein Zufallsprodukt der Natur ist. Kann sich die Natur einen Zufall erlauben?

In der Natur nennt man Zufälle Mutationen. Darunter versteht man Entwicklungssprünge, die meist aufgrund spontaner genetischer Veränderungen erfolgen. Die meisten Mutationen scheitern am natürlichen Ausleseverfahren, einigen gelingt es, sich durchzusetzen. Sie finden ihre "ökologische Nische", wie Charles Darwin es formulierte, und setzen ihre Entwicklung fort - aber nur dann, wenn sie mit dem gesamten System ihrer Umgebung harmonieren. Wäre also der Mensch ein reines Zufallsprodukt, das unabhängig von seiner natürlichen Umgebung entstanden wäre und sich zufällig weiterentwickelt hätte, wäre er längst ausgestorben. Das heißt auch: Wenn der Mensch weiter in der Vernichtung seiner Umgebung fortschreitet, wird er sich über kurz oder lang seines eigenen Lebensraumes berauben und überflüssig werden. In primitiven Kulturen hat deshalb die Natur einen ganz anderen Stellenwert als in unserer industrialisierten Gesellschaft. Im Urwald oder in der Steppe ist die Abhängigkeit des Menschen von seinem natürlichen Lebensraum noch unmittelbar und existentiell - was nicht bedeutet, daß der industrialisierte Mensch ohne "ökologische Nische" überleben könnte. Er kann sein Überleben dank der modernen Wissenschaft lediglich hinauszögern.

Zufälle in der Natur sind also Störungen aufgrund innerer - genetisch bedingter - Veränderungen. Das Normale und Natürliche aber sind die permanenten Weiter- und Höherentwicklungen. Lebewesen und Umwelt sind aufeinander angewiesen. Ohne Nahrung und Lebensraum sterben die davon abhängigen Gattungen einfach aus. Jahr für Jahr verschwinden zahlreiche Tier- und Pflanzenarten für immer von der Bildfläche, weil sie im Gesamtsystem keine Funktion mehr haben. Mit dem fehlenden Sinn verlieren sie ihre Existenzberechtigung.

Und wie steht es mit dem Menschen? Welche Existenzberechtigung hat er, außer seinem Leben einen Sinn zu geben? Sicher kann der Zufall Impulse auslösen wie bei einer Mutation in der Natur. Doch wenn diesem Impuls nichts folgt, versandet er. Viele Erfindungen von Menschen begannen mit einem Zufall. Doch letzten Endes war es die Systematik, die sie an die Öffentlichkeit gebracht hat.

Durch Zufall kam Edison darauf, daß es möglich sein müßte, elektrische Energie in Licht umzusetzen - aber nur jahrelange Experimente und viele Rückschläge führten zur Erfindung der Glühbirne. Jede Forschung beginnt mit einer Idee, die auf Erfahrung oder auch auf Zufällen basieren kann. Wenn man es allerdings versäumt, diese Idee fortzuführen, systematisch darauf aufzubauen, ist die Idee letzten Endes sinnlos. Vielleicht war es wirklich Zufall, daß Edison auf die Idee kam, das elektrische Licht zu erfinden - vielleicht war es auch nur einfach an der Zeit dafür. Victor Hugo vertrat den Standpunkt: "Nichts auf der Welt ist so mächtig wie eine Idee, deren Zeit gekommen ist."

Mag sein, daß diese These gewagt ist - aber haben Sie sich einmal gefragt, warum in einem einzigen Jahrhundert solch eine Fülle von technischen, physikalischen, medizinischen, chemischen Erfindungen gemacht wurde, während in allen Jahrhunderten und Jahrtausenden zuvor offensichtlich überhaupt nichts wirklich Revolutionäres entwickelt wurde? Waren die Menschen im 17. und 18. Jahrhundert dümmer? In diesem Jahrhundert wurde das Fahrrad, das Auto, die Eisenbahn, Flugzeuge und Weltraumraketen erfunden, während es offensichtlich Tausende von Jahren kein Problem war, sich zu Fuß oder mit Pferdestärken vorwärts zu bewegen. Kernspaltung und EKG-Gerät, Penicillin und Chemiefaser, Schutzimpfung und Relativitätstheorie - alles Zufall, daß Genialität, die zu bahnbrechenden Erfindungen und Entdeckungen führte, nur in einem Jahrhundert, in diesem Jahrhundert auftrat?

Es gab sie schon früher, die Erfinder und Genies. Nur waren sie ihrer Zeit weit voraus. Es bestand kein Bedarf an ihren Ideen. Schon im 15. Jahrhundert hatte Leonardo da Vinci die Idee zu einem "Fluggerät" und Jules Verne konzipierte Mondraketen mit erstaunlicher Exaktheit schon fast hundert Jahre vor der ersten Mondlandung. "Alles, was ein Mensch sich vorstellen kann", orakelte er damals, "werden andere Menschen verwirklichen." Der Zufall hatte in dieser Vorhersage keinen Platz.

Sollte oder darf man sein Leben dem Zufall überlassen oder folgt alles im Leben einer systematischen Ordnung? Wenn die Gesetze der Natur auf der Weiterentwicklung basieren, hat der Mensch nicht die Pflicht, sich diesem Gesetz unterzuordnen?

Gerade die Entdecker- und Erfinder-Persönlichkeiten waren von der möglichen Beherrschung des Zufalls besessen, sie fügten sich nicht dem Unabwendbaren und Schicksalhaften. Noch heute würden Millionen Frauen sterben, wenn Semmelweis nicht das Kindbettfieber gegen alle zeit- und moralbedingten Widerstände hinweg bekämpft hätte. All die Verleumdungen, die gesellschaftliche Isolation und Verhöhnungen hielten ihn nicht davon ab, das Notwendige und Nützliche zu tun. Auch der Entwicklung der großen Lexika aus dem 17. und 18. Jahrhundert liegt nicht der Zufall, sondern eine systematische, langwierige und gründliche Arbeit zugrunde, und wie stark waren die Faktoren Zielklarheit, Kraft und Zeit bestimmend für die Fertigstellung dieses gesammelten Wissens (siehe das Kapitel "Die Erfolgsformel"). Zufälle können einen "psychischen Mutationssprung" - eine Idee - hervorrufen, aber alles, was danach geschieht, ist eine Frage der Systematik.

Sicher kann man sein ganzes Leben dem Zufall überlassen. Man kann seine Kinder nach dem Zufallsprinzip erziehen - aber macht man damit tüchtige Menschen aus ihnen? Man kann seine Gesundheit dem Zufall überlassen, seine sportlichen und beruflichen Erfolge, seine Partnerwahl. Die Frage ist nur: Wollen Sie wirklich Ihr ganzes Leben dem Zufall überlassen oder möchten Sie mitbestimmen? Es ist ein Irrtum zu glauben, daß Ziellosigkeit keine Entscheidung ist. Wer sich entscheidet, sein Leben dem Zufall zu überlassen, gibt sein Mit- und Selbstbestimmungsrecht ab und übergibt sich den Einflüssen anderer Menschen und Umstände. Wer sich dem Zufall überläßt, ist ein hilflos treibendes Stück Holz auf dem Wasser. Der systematisch denkende und handelnde Mensch läßt sich nicht treiben, sondern nutzt die Strömungen zum Vorwärtskommen. Der systematische Mensch ist ein freier, selbstbestimmter Mensch.

Sie werden in diesem Buch viele Hinweise und Beispiele finden, daß Erfolg keine Sache des Zufalls ist, sondern auf systematischer Planung, auf Zielklarheit und bewußter Nutzung der äußeren Umstände basiert. Die Beispiele erfolgreicher Menschen in diesem Buch werden Ihnen zeigen, daß Systematik helfen kann, Schicksalsschläge, Hindernisse und Widerstände zu überwinden.

Unser Erfolgs-System geht nicht von einem vorgefertigten Schicksal aus. Jedes angebliche Schicksal trägt die persönlichen Züge des beteiligten Menschen. Wilhelm von Scholz schreibt in seinem Buch "Der Zufall und das Schicksal", daß "das Schicksal des Menschen oft nur Wege zeigt, die er dann aber selber gehen muß, oder Waffen in die Hand gibt, mit denen er kämpfen muß, wenn der Sinn des Schicksals sich erfüllen soll".

Das Schicksal also als Wegweiser, als Chance und als Bewährungsprobe, der Zufall als Erleuchtung, die auf diesen Weg führt oder auf neue Wege hinweist - als etwas "Zufallendes", wie Wilhelm von Scholz den Begriff definiert.

Wer also den Sinn im "Zufallenden" sieht, kann den Zufall zur systematischen Selbstbestimmung und Beeinflussung des persönlichen Schicksals nutzen.

"Auch der Zufall ist nicht unergründlich", sagte Novalis. "Er hat seine Regelmäßigkeit." Und Gottfried Keller schrieb über die systematische Selbstbestimmung und deren Bedeutung für das Schicksal: "Wer heute einen Gedanken sät, erntet morgen die Tat, übermorgen die Gewohnheit, danach den Charakter und endlich sein Schicksal."

Der Mensch ist also Gestalter seines Schicksals, seiner Zukunft und seines Erfolges oder Mißerfolges.

Wichtige Punkte, die ich kurzfristig anwenden werde:

1. _____

2. _____

3. _____


Wichtige Änderungen in meiner Lebensführung:

1. _____

2. _____

3. _____


Punkte, die ich im Fernsehen und bei starken Persönlichkeiten beachten werde:

1. _____

2. _____

3. _____


Punkte, die ich in der Diskussion besprechen sollte:

1. _____

2. _____

3. _____

# Das Gehirn als Problemlöser

**Was erwartet Sie in diesem Kapitel?**

Funktion und Leistungsfähigkeit des Gehirns

Entspannung und Stärkung

Das Ganzheitliche erfassen

* * *

Die Ergebnisse der Gehirnforschung können nicht nur zum Verständnis der komplexen menschlichen Natur beitragen - sie können auch von praktischem Nutzen beim Umgang mit Mitarbeitern, Partnern oder Kunden sein. Wer das Gehirn kennt, weiß, was Menschen brauchen, um ihr volles Leistungspotential nutzen zu können. Das Management der Zukunft gehört den ganzheitlichen Denkern!

In den 60er Jahren wurden in den Vereinigten Staaten Epileptiker mit Hilfe einer spektakulären Operation von ihrem Anfallsleiden befreit. Dabei wurde ihnen der sogenannte Corpus callosum, ein Nervenstrang zwischen dem Kleinhirn, durchtrennt. Die Heilung wurde teuer erkauft, denn fortan war der operierte Mensch eine im wahrsten Sinne des Wortes gespaltene Persönlichkeit. Die rechte und die linke Gehirnhälfte waren außerstande, miteinander zu kommunizieren. Das "Teamwork" der beiden Gehirnhälften (Hemisphären), die Zusammenarbeit war nicht mehr möglich. Entscheidungen der einen Hälfte wurden von der anderen Hälfte nicht wahrgenommen, für bekannte Gegenstände konnte der entsprechende Begriff nicht mehr zugeordnet werden.

Es kam vor, daß eine Hemisphäre hellwach war, während die

andere noch schlief, daß also der Mensch sich gleichzeitig im Wach- und im Schlafzustand befand und nur ein Befehl an die schlafende Hälfte ein völliges Aufwachen ermöglichte. Zum Glück wird diese schaurige Form der Epilepsie-Therapie heute nicht mehr angewandt, aber die Erfahrungen damit führten zu der Erkenntnis, daß das menschliche Gehirn über zwei Gehirnhälften mit ganz unterschiedlichen Funktionen verfügt, die jedoch miteinander in Verbindung stehen, und daß erst durch diesen ständigen Dialog ganzheitliches Denken und Handeln möglich ist. Die linke Hälfte steuert alle Körperfunktionen der rechten Seite und umgekehrt.

Das Sehen auf dem rechten Auge, das Greifen der rechten Hand, das Hören auf dem rechten Ohr wird von der linken Hemisphäre "organisiert". Nach der Durchtrennung des Verbindungsnerves waren die Patienten durchaus in der Lage zu schreiben - sie konnten aber keine Bilder mehr zeichnen oder malen. Die linke Gehirnhälfte, die für die Funktionen der rechten Hand zuständig ist, ist also der Sitz des analytischen Denkvermögens und bei den meisten - nicht bei allen - Menschen auch Sitz des Sprachzentrums. Die rechte Hälfte, die keinen Kontakt mehr zu ihrem Pendant aufnehmen konnte und von daher auch keinen Einfluß auf die rechte Körperhälfte mehr hatte, ist zuständig für bildhafte Wahrnehmung und Umsetzung. Ihr räumlich-visuelles Denkvermögen ermöglicht es dem Menschen, Bilder wahrzunehmen und zu erkennen. Die analytisch denkende linke Hälfte ordnet das Bild dem Begriff zu und kann ihn benennen. Wurde einem operierten Patienten ein Gegenstand gezeigt, konnte er ihn zwar erkennen, aber die Begriffsbestimmung und Benennung war ihm unmöglich.

Eine spezielle Untersuchungsform ermöglicht ebenfalls Einblick in die Geheimnisse des Gehirns: Bei der sogenannten Wada-Untersuchung - benannt nach ihrem Erfinder - wird eine Gehirnhälfte betäubt, um - etwa vor Operationen - Funktionszentren im Gehirn bestimmen zu können. Patienten berichteten darüber, daß sie bei dem Test zwar denken konnten, aber unfähig waren, das Gedachte zu formulieren oder in die Tat umzusetzen. Weil die linke Hemisphäre Sitz solch wichtiger Funktionen wie Sprache,

Gedächtnis und Zuordnungsfähigkeit ist, wurde sie lange Zeit von Neurologen als die wichtigere, die überlegene der beiden Gehirnhälften eingestuft, die rechte dagegen für unwichtig geachtet, weil sie Zentrum räumlicher Fähigkeiten, auch künstlerischer und musikalischer Empfindungen ist, die nicht unbedingt überlebensnotwendig sind.

Das mag auf den ersten Blick zutreffen, denn tatsächlich ist es möglich, daß ein Mensch - z.B. nach einer Unfallverletzung - auch dann noch in der Lage ist, ein einigermaßen unauffälliges Leben zu führen, wenn die rechte Hemisphäre geschädigt ist - sofern sein Sprachzentrum sich in der linken Hälfte befindet. Ist jedoch die linke Hälfte beschädigt, wird er mit Sicherheit große Probleme im Alltag und im Umgang mit anderen Menschen haben, da ihm das Mittel der Sprache und des logischen Denkens fehlt.

Daß in der neuzeitlichen Gehirnforschung der rechten Hälfte dennoch wieder größere Bedeutung zukommt, liegt in der Erkenntnis, daß lediglich beim Menschen, und auch nur beim erwachsenen Menschen, diese Spezialisierung der beiden Teile vorkommt, nicht aber beim Tier und beim Kleinkind. Viele Forscher führen dieses Phänomen auf den Erwerb der Sprache zurück.

Mit der Sprache wird die Welt erklärbar, nahezu alles ist in Worte zu fassen. Niemand muß ein Bild malen oder etwas vormachen, um es einem anderen Menschen begreiflich zu machen. Über die linke Hemisphäre verarbeitet der Mensch Eindrücke von außen analytisch, er zerlegt sie in Einzelteile und kann sie verbal wieder zusammenfügen und anderen mitteilen. Komplexe Aufgaben können in kleinen, logischen Schritten bewältigt werden. Das rechte Gehirn dagegen nimmt die Gesamtsituation auf und reagiert darauf intuitiv.

An einem einfachen Beispiel, das jeder schon einmal erlebt hat, kann man die unterschiedlichen Funktionen erklären: Sie stehen auf einem Berg und überblicken eine wunderschöne Landschaft. Sie verharren ergriffen über den atemberaubenden Anblick, fühlen vielleicht ein leichtes Glücksgefühl, Ihre Augen überblicken die Landschaft, Sie atmen tiefer durch, nehmen das Bild in sich auf. Diese Situation spielt sich eindeutig in der rechten Hemisphäre ab.

Wenn Sie nun jemand fragt: "Was sehen Sie?", gibt es zwei Möglichkeiten: Sie können reagieren, indem Sie ein zufriedenes "Schön!" flüstern. Damit ist zwar das Sprachzentrum einbezogen, aber die Aussage ist weder rational noch analytisch, sondern rein emotional und erklärt dem Fragenden objektiv betrachtet überhaupt nichts - außer Ihren ganz persönlichen Empfindungen. Die Antwort ist also von der rechten Gehirnhälfte beeinflußt. Sie können aber auch antworten: "Ich sehe ein Tal, Bäume, Flüsse, Häuser ..." Mit dieser Antwort wurde das aufgenommene Bild in Einzelteile zerlegt, analysiert und in Form einer präzisen Beschreibung wiedergegeben. Diese komplexe Aufgabe wird von der linken Hemisphäre bewältigt.

Ein anderes einfaches Beispiel: Wenn ein musisch "unbelasteter" Physiker gefragt wird, wie man Klavier spielt, wird er höchstwahrscheinlich genau erklären können, daß man mit den Händen die Tasten berührt und ihnen Töne entlockt, die zusammen ein fertiges Musikstück ergeben. Fragt man dagegen einen Pianisten, wird er sich - sofern die Möglichkeit besteht - an ein Klavier setzen und mit einem kurzen Klavierstück zeigen, wie es geht. Beides sind richtige Antworten - nur ist die erste von der linken, die zweite von der rechten Hemisphäre gesteuert. Die erste Antwort ist eine sachliche und analytische Erklärung, die zweite eine plastische, bildhafte.

Bei einem Kind sind die Antworten bildhaft, also rechtsgeprägt. Ein Kind, das gebeten wird, einen Kirchturm zu beschreiben, wird das tun, indem es mit den Händen über den Kopf die Höhe des Turmes in einem Bild darstellt. Die wichtigste Assoziation beim Wort Kirchturm - nämlich Höhe - wird intuitiv als Darstellungsform gewählt. Das ist denkbar einfach, aber jeder wird es verstehen. Wenn ein Kind gefragt wird, wie tanzen geht, wird es in aller Regel etwas vortanzen, also das Bild im Kopf in Bildform weitervermitteln. Auch ein Tänzer oder ein tanzbegeisterter Mensch wird in dieser Weise den Begriff Tanz erklären, aber wohl kaum jemand, der nicht oder nur ungern tanzt. Er wird den Begriff in Worten erklären. Es ist also das Intuitive und das Emotionale, das von rechts gesteuert wird. Erst durch Training - sprich: durch Erziehung - entwickelt sich die linke Gehirnhälfte zuerst zur gleichberechtigten Hälfte und später zumeist zum überlegenen Teil des menschlichen Bewußtseins. Künstlerisch tätige oder begabte Menschen haben sich einen mehr oder weniger großen Teil ihrer intuitiven und kreativen Fähigkeiten erhalten können.

Die verstärkte Aufmerksamkeit für die Fähigkeiten der linken Gehirnhälfte wird besonders in der Pädagogik deutlich. In den Schulen wird es als wesentlich erachtet, daß die Kinder Rechnen, Schreiben und Lesen lernen, sich also analytisches und rationales Wissen aneignen, an den Universitäten wird unter Wissenschaft verstanden, was hieb- und stichfest erklärbar ist, und selbst bei den Eltern gelten immer noch Kinder, die mit Mathematik Schwierigkeiten haben, als dumm. Kaum Wert gelegt wird an unseren Schulen dagegen auf das Training der intuitiven und kreativen Fähigkeiten. Musik, Kunst und Sport gelten als unwichtige Nebenfächer und intuitives Denken wird oft als "abweichendes" Denken abgewertet, da es den Unterrichtsverlauf stört. Eine typische Auswirkung dieser Einseitigkeit, der Vorherrschaft des Analytischen in der Schule ist der Umgang mit Literatur. Lernziel ist nicht etwa, das Gesamtbild eines literarischen Werkes aufzunehmen und emotional zu erleben, sondern eine künstlerische Schöpfung in seine Einzelteile zu zerlegen - zu analysieren - und im Detail zu deuten - zu interpretieren. Nicht die Empfindungen des Künstlers, die Ganzheit und Schönheit eines Buches werden als wesentlich erachtet, sondern die Botschaft an den Leser. "Was will uns der Autor damit sagen?" ist eine der häufigsten Fragen im Deutschunterricht.

Die Schule hat es sich zur Aufgabe gemacht, Sprachvermögen und rationales Denkvermögen auszubilden - und sie erfaßt damit nur einen Teil des Menschen, weil sie die nonverbale Seite des Wesens ignoriert. Diese Einschätzung erklärt, warum Einstein ein schlechter Schüler war und selbst als genialer Naturwissenschaftler immer das Ganzheitliche, das Emotionale, das Unerforschte gesehen und sich davon faszinieren lassen hat. Denn erst das macht das Geniale aus. Goethe hat mit Worten gearbeitet, aber soviel Gefühl, soviel Bildhaftes hineingelegt, daß seine Werke nicht als eine pure Aneinanderreihung von Worten gesehen werden können, sondern als ganzheitliches Werk. Erst in der Zusammenwirkung zweier gleichberechtigter Gehirnhälften liegt der Schlüssel zum Erfolg. Wenn an den Universitäten nur Wissen gelehrt wird, haben die Absolventen am Ende eine ganze Menge Wissen gespeichert und sind vielleicht exzellente Physiker oder Mathematiker, aber sie sind nicht in der Lage, Alltagsprobleme zu lösen oder ihren Beruf flexibel und kreativ auszuüben.

Im Fernsehen gab es einmal eine Sendung, in der Frank Elstner Nobelpreisträger aller Fachbereiche interviewte. Es war erstaunlich, wie vielseitig diese Menschen waren. Sie waren Musik- oder Literaturliebhaber oder kulturell interessiert, sie spielten Klavier oder sammelten Gemälde. Die größten Naturwissenschaftler unserer Zeit hatten fast ausnahmslos ein Hobby oder ein Interesse auf schöngeistigem oder philosophischem Gebiet.

Ein Jurist mit brillantem Fachwissen wird niemals ein guter Rechtsanwalt oder Richter sein, wenn ihm das Gespür für die Menschen fehlt, die Intuition und das Einfühlungsvermögen. Ein perfekt ausgebildeter, aber nur rational argumentierender Verkäufer wird mit Sicherheit wesentlich weniger Verkaufserfolg haben als ein vielleicht fachlich minderqualifizierter, der es aber versteht, auf die Verhandlungspartner einzugehen und sich in andere Menschen hineinzuversetzen. In jedem Beruf ist Erfolg und Erfüllung nur in Verbindung mit jenem natürlichen Gespür zu erreichen, das den ganzheitlichen Menschen ausmacht.

Mit systematischem Training, z.B. mit Mentalem Training, mit Autogenem Training oder mit Cassetten-Training, kann jeder Mensch es schaffen, zu einem ganzheitlichen Denker zu werden, Intellekt und Gefühl, analytisches Denkvermögen und Intuition zu einem harmonischen Ganzen zusammenzufügen, ein im wahrsten Sinne des Wortes ausgeglichener Mensch zu werden. Die Zukunftsprobleme sind nicht mehr ohne Kreativität und Phantasie zu bewältigen. Die eindimensionalen Denker, die sachlich-kühlen Analytiker sind nicht die Problemlöser, weder in den Unternehmen noch in den Entscheidungsgremien von Politik und Gesellschaft.

Wichtige Punkte, die ich kurzfristig anwenden werde:

1. _____

2. _____

3. _____


Wichtige Änderungen in meiner Lebensführung:

1. _____

2. _____

3. _____


Punkte, die ich im Fernsehen und bei starken Persönlichkeiten beachten werde:

1. _____

2. _____

3. _____


Punkte, die ich in der Diskussion besprechen sollte:

1. _____

2. _____

3. _____

# Erfolg ist nur ein anderes Wort für Leben

**Was erwartet Sie in diesem Kapitel?**

Was bedeuten die Grundgesetze des Lebens?
Praktische Anleitungen

* * *

Um die Welt und das Leben des Menschen zu verstehen, heißt es, sich zu Grundüberzeugungen zu bekennen. Da wir von Immanuel Kant erfahren haben, daß alles, was wir wissen, subjektiv ist, sollten wir herausfinden, woran wir noch glauben können.

Lieber Leser: Sind Sie aus Überzeugung Atheist oder glauben Sie, daß dem Universum ein Schöpfungsplan zugrunde liegt? Für ein wirkliches Erfolgssystem ist die Beantwortung dieser Frage von zentraler Bedeutung, denn der Glaube an den Zufall erlaubt dem Menschen - im Umgang mit anderen Menschen - ein anderes Verhalten, als wenn man an einen Schöpfer und damit an die Macht des Guten glaubt. Ein Erfolgssystem sollte von ethischen und moralischen Prinzipien ausgehen, könnten wir uns ganz dem Machtstreben, dem Lustprinzip oder der Gewinnmaximierung verschreiben. Das Ergebnis wäre der rücksichtslose Egoist.

Gerade weil die meisten Menschen diesen Grundfragen aus dem Wege gehen, habe ich viele Jahre immer wieder von den verschiedensten Seiten aus versucht, mich der Beantwortung dieser Fragen zu nähern. Denn erst wenn eine Daseinsgrundlage besteht, kann ein echtes Erfolgssystem aufgebaut werden, ein System, das sich nicht gegen die Natur und den Menschen wendet. Für rücksichtslose Egoisten ist mein System daher nicht geeignet.

Zu den wichtigsten Grundfragen gehört die Frage nach Ursprung und Sinn des Universums und des Lebens. Für mich ist die unglaubliche Weite des Universums und die Größe Gottes ein und dasselbe. Alle bedeutenden Religionen haben den Glauben an einen Schöpfer miteinander gemeinsam. Wer an die Schöpfung glaubt, erkennt im Menschen den Daseinszweck der Schöpfung.

In den letzten 50 Jahren haben Wissenschaftler unendlich viele Fakten und Daten herausgefunden und zusammengetragen. Diese Forschungsergebnisse vergrößern noch unser Staunen über die schöpferische Intelligenz, die hinter den Naturgesetzen steht. Insgesamt ist die Achtung vor der kosmischen Intelligenz enorm gewachsen.

Gerne zitiere ich Albert Einsteins Ausspruch: "Gott würfelt nicht." Immer mehr Naturgesetze werden entdeckt, und selbst in der modernen Chaosforschung scheint man eine Ordnung zu finden.

Warum sind diese Überlegungen von entscheidender Bedeutung? Solange in unserem Unterbewußtsein sich gegenseitig widersprechende Überzeugungen leben, kommt der Mensch innerlich nicht zur Ruhe. Er verbraucht einen Großteil seiner Energien für den inneren Kampf. Es ist wie bei einem Erdbeben. Erst wenn das Fundament eines Menschen sich gefestigt hat, kann er das Haus seiner Zukunft erbauen, ohne Angst vor neuen Erdbeben.

Vielleicht kennen Sie auch Menschen, die heute dies und morgen etwas ganz anderes glauben. Oft werden Sie bemerkt haben: Auf solche Menschen kann man sich nicht verlassen, auf solche Menschen kann man nicht "bauen". Darum ist zunächst nichts wichtiger, als seine eigene Grundüberzeugung zu festigen.

## Alles, was lebt, braucht Erfolg

Ordnung regiert die Welt, alles lebt aus der Ordnung. Wir müssen Ordnung schaffen, auch im Denken, in allen Abteilungen unseres Unterbewußtseins.

Mein Erfolgssystem hat den großen Vorzug, daß wir bei unserem Streben nicht gegen, sondern im Einklang mit den Schöpfungsgesetzen handeln. Darum ist für uns "Erfolg" nur ein anderes Wort für "Leben". Denn alles, was lebt, braucht Erfolg: jeder Grashalm, jeder Baum, jedes Tier, jedes Baby, jeder Mensch, jeder Mann und jede Frau. Erfolg ist alles, was das Leben unterstützt. Somit ist auch das menschliche Leben kein Chaos, sondern ihm liegt eine Ordnung und ein Sinn zugrunde.

Das Besondere an der Psychologie des Erfolgreichen Weges liegt in den "14 Grundgesetzen der Lebensentfaltung", die ich Ihnen noch vorstellen werde. Wer diese Grundgesetze kennt und anwendet, kann alles erreichen.

Einige große Namen, die mich geprägt haben und die an der Formulierung der 14 Grundgesetze der Lebensentfaltung mitgewirkt haben, möchte ich Ihnen nennen, in dem Bewußtsein, daß ich vielleicht noch andere wichtige Namen vergessen habe:

- Gautama Buddhas Satz: "Herrschaft über das Denken gibt Macht über Leid und Leben"
- Platons Gedankengut aus dem Buch "Die Welt der Ideen"
- Jesus' Gebot: "Liebe Deinen Nächsten wie Dich selbst"
- Aus dem Johannesevangelium: "Am Anfang war das Wort ..."
- Spinozas Werk: "Die Probleme der Identifikation"
- Immanuel Kants Werk: "Von der Macht des Gemüts"
- Arthur Schopenhauers Werk: "Die Welt als Wille und Vorstellung"
- Emil Coues Werk: "Es geht mir von Tag zu Tag und in jeder Beziehung immer besser"
- Müller-Freienfels: "Grundzüge einer Lebenspsychologie"
- Oscar Schellenbach mit seinem Gesamtwerk

Wichtige Punkte, die ich kurzfristig anwenden werde:

1. _____

2. _____

3. _____


Wichtige Änderungen in meiner Lebensführung:

1. _____

2. _____

3. _____


Punkte, die ich im Fernsehen und bei starken Persönlichkeiten beachten werde:

1. _____

2. _____

3. _____


Punkte, die ich in der Diskussion besprechen sollte:

1. _____

2. _____

3. _____

# Erfolg ist eine Frage des Charakters

**Was erwartet Sie in diesem Kapitel?**

Die Bedeutung des Erfolges für die Persönlichkeit

Anleitung zum Erfolg

* * *

Nichts verändert den Menschen mehr als eine Kette von Erfolgen und Mißerfolgen. Der Mißerfolg hat Enttäuschung, Zweifel und Angst zur Folge und kann in letzter Konsequenz zu Krankheit und Tod führen. Erfolg ist daher nichts anderes als ein lebensnotwendiges Grundprinzip, das durch unser persönliches Verhalten bestimmt wird. Es ist für uns selbstverständlich, unseren Körper oder unser Auto zu pflegen, aber für unsere Persönlichkeit etwas zu tun, scheint unnatürlich zu sein.

Eine Dame bat mich unlängst um Rat, da ihr das Verhalten ihres Mannes seit einiger Zeit nicht mehr gefalle. Sie mußte verneinen, als ich sie fragte, ob sie und ihr Mann regelmäßig nach meinem System üben würden. Erschreckend fand ich ihre Antwort: "Das habe ich doch nicht nötig." Diese Haltung zeigt deutlich, wie wenig wir bereit sind, uns selbst zu kultivieren.

Viele Menschen wünschen sich nichts sehnlicher als die Ruhe nach einem ausgefüllten, arbeitsreichen Leben. Es ist aber ein bekanntes Phänomen, daß gerade in dieser Lebensphase Körper und Seele erschlaffen und der Mensch kränklich wird. In seinem Leben fehlen die Erfolgserlebnisse. Der Mensch braucht lebenslänglich Ziele, um Körper und Seele in spannungsvoller Harmonie zu halten. Im Einklang mit den Gesetzen der Natur und unserem

Unterbewußtsein gelingt es, uns Stufe um Stufe weiterzuentwikkeln.

Einem Tier sagt der Instinkt, wie es zu reagieren hat, damit es und seine Art überleben. Diese Fähigkeit wird von Generation zu Generation weitergegeben. Beim Menschen wird diese Fähigkeit nicht vererbt, sondern muß in jeder Generation neu erworben werden. Beim Menschen übernimmt der Charakter die Aufgabe, Entscheidungen zu treffen. Dabei steuert der Charakter Entscheidungen insoweit, daß nicht für jede neue Handlung ein bewußter Akt des Abwägens erforderlich ist. Unser Charakter, unsere Gewohnheiten stabilisieren unsere Reaktionsweisen und sorgen für eine innere Konsistenz von Denken, Fühlen und Handeln.

Der Mensch ist aber nicht nur ein reagierendes Wesen, sondern besitzt gestalterische Möglichkeiten. Da wir unser Leben nicht dem Zufall überlassen wollen, ist die Arbeit am eigenen Weg Hauptbestandteil der Philosophie der Formel des Erfolgs.

Wer hört oder liest, weiß mehr. Aber nur wer übt und trainiert, kann anschließend mehr.

Goethe formulierte es so: "Wissen ist wenig, Können ist König." Wissen muß durch Training und Wiederholung in "Können" umgewandelt werden.

Erfolg zu haben bedeutet, Probleme lösen zu können. Wir benötigen daher eine Art Erfolgscharakter. In dem Seminar *Der erfolgreiche Weg* sammeln die Teilnehmer zusammen Merkmale und Voraussetzungen zu der Frage: "Welche Eigenschaften sollte eine erfolgreiche Persönlichkeit besitzen?" Die Teilnehmer entwickeln für sich daraus ein wirksames Plakat, das sie zu Hause aufhängen. Jedes Plakat ist persönlich für den jeweiligen Teilnehmer gedacht und dient als Arbeitshilfe.

Je nach der Situation, in der sich der einzelne täglich befindet, werden die Merkmale verschieden wahrgenommen. Gedanken sind Kräfte. So wächst im Inneren des Menschen langsam ein positiver Kern.

Sie wissen, die Rolle des Fachwissens spielt im Leben eine eher untergeordnete Rolle. Es ist die individuelle, persönliche Ausstrahlung, die den jeweiligen Menschen ausmacht.

Acht wichtige Suggestionen werden Ihnen zur Stärkung Ihres Charakters helfen:

1. Ich lebe bewußt und gestalte mein Leben!
2. Ich lebe begeistert und voller Kraft und Energie!
3. Ich merke mir Namen und spreche sie aus.!
4. Ich kenne meine Ziele und liebe meine Aufgaben!
5. Schweigen und Zuhören verstärken meine Konzentrationskraft!
6. Ich konzentriere mich auf Gemeinsamkeiten!
7. Ich spreche ausdrucksvoll, voller Gefühl und Überzeugung!
8. Meine Erfolge stärken mein Selbstbewußtsein und meine Ausdauer!

In der ersten Woche schreiben Sie die erste Suggestion auf zehn Kärtchen, die Sie an für Sie wichtigen Orten verteilen, so daß sie Ihnen immer wieder begegnen. Die Suggestion verdichtet sich in Ihrem Langzeitgedächtnis zu einem positiven Impuls, der Sie leitet. Fahren Sie mit den folgenden Suggestionen in den nächsten Wochen fort. So kommen Sie immer einen Schritt weiter. Wenn Ihnen erst bewußt wird, daß Ihr Lebenserfolg allein von Ihrer Persönlichkeit und Ihrem Charakter abhängig ist, werden Sie mit Freude die Übungen praktizieren. Sie wissen, die Arbeit am Charakter ist nie nutzlos, denn sie dient unserem persönlichen Vorwärtskommen. Innerer Reichtum läßt sich nicht käuflich erwerben. Ein Mensch, der sich vom Leben treiben läßt, erreicht nicht die größtmögliche Freiheit. Solch ein Mensch verpaßt in Wirklichkeit das Leben. Stolz kann ich auf mich sein, wenn ich mein Leben selbst in die Hand nehme und es auch an schweren Tagen meistere. Nur die Hingabe an eine Aufgabe bewahrt einem Menschen seine jugendliche Kraft und schenkt ihm Zeit für echte Lebensfreude und Erholung. Der Wunsch, an sich zu arbeiten, muß zu einem festen Bestandteil der Persönlichkeit werden.

Auch wenn wir nicht die Vollkommenheit erreichen, folgen wir Goethe gerne: "Wer allzeit strebend sich bemüht, den können wir erlösen."

Wichtige Punkte, die ich kurzfristig anwenden werde:

1. _____

2. _____

3. _____


Wichtige Änderungen in meiner Lebensführung:

1. _____

2. _____

3. _____


Punkte, die ich im Fernsehen und bei starken Persönlichkeiten beachten werde:

1. _____

2. _____

3. _____


Punkte, die ich in der Diskussion besprechen sollte:

1. _____

2. _____

3. _____

# Ich habe keine Zeit - und Sie?

*"Wer die Zeit verklagen will, daß so zeitig sie verraucht, der verklage sich nur selbst, daß er sie nicht zeitig braucht." (Logau)*

**Was erwartet Sie in diesem Kapitel?**

Bedeutung des Zeitmanagements

Erfolgreiches Zeitmanagement in der Praxis

* * *

"Wer rastet, der rostet" - am besten können Arbeitslose und deren Angehörige diese Volksweisheit bestätigen. Eines der größten psychologischen Probleme der Arbeitslosigkeit ist, daß die Menschen mit ihrer Zeit nichts anzufangen wissen. Die meisten von ihnen klagen über Langeweile, obwohl sie diese Zeit sinnvoll für Weiterbildungsmaßnahmen, Umschulungen etc. nutzen könnten. Jetzt, wo die Zeit zur Verfügung steht, die man sich während der Berufstätigkeit immer gewünscht hat, nutzt man sie nicht.

Jeder Mensch muß einen Sinn im Leben finden. Er braucht eine Aufgabe, die ihn fordert, um wirklich ein Zeitgefühl zu entwickeln. Je weniger Freizeit ein Mensch hat, desto mehr begreift er ihren Wert und desto intensiver nutzt er sie.

In Michael Endes berühmtem Kinderbuch "Momo" haben die Menschen plötzlich keine Zeit mehr für die schönen Dinge des Lebens, weil die grauen Zeitdiebe, die in die Stadt gekommen sind, sie mit unnützen Ablenkungsmanövern beschäftigen und ihnen damit immer mehr Zeit stehlen. Auch Napoleon litt unter den Zeitdieben. "Es gibt Diebe", klagte er, "die nicht bestraft werden und den Menschen doch das Kostbarste nehmen: die Zeit." Napoleon war trotz Zeitmangel erfolgreich. Er hatte vor allem zur richtigen Zeit Geduld und zeigte im richtigen Moment Entschlossenheit. Es kommt also weniger darauf an, mehr Zeit zu haben, sondern darauf die vorhandene Zeit besser zu nutzen.

Es erstaunt uns häufig, daß die Menschen, die am meisten Zeit haben, darüber klagen, keine Zeit zu haben. Statt die ihnen zur Verfügung stehende Zeit systematisch zu nutzen, setzen sie sich nervös unter Zeitdruck. Wer zerstreut und nervös ist, läßt sich leicht ablenken und ist mehr oder weniger unfähig, seine Ziele ohne Energieverlust zu erreichen. Große Aufgaben zu bewältigen bedeutet aber, Energie und Konzentration gezielt einzusetzen. Wenn Zeit für uns kostbar ist, sollten wir sie auch wie einen Luxusartikel behandeln. Wer sich nur selten Champagner gönnt, genießt ihn intensiver als jemand, der jeden Tag Champagner trinkt.

Erstaunlicherweise haben Menschen, die jahrelang über zuwenig Zeit klagten, plötzlich viel Zeit, wenn sie sich verlieben. Zu ihrer eigenen Überraschung stellen sie fest, daß es ihnen gar nicht schwerfällt, sich ein paar Stunden Zeit für ein romantisches Essen bei Kerzenlicht zu nehmen. Auch der aus Zeitgründen immer wieder verschobene Traumurlaub läßt sich verwirklichen. In einer kürzeren Arbeitszeit wird nun ein größeres Pensum erledigt. Für das, was uns wichtig ist, nehmen wir uns immer Zeit. Liebe ist Begeisterung. Wer einen Menschen liebt, ist von ihm begeistert. Wer seine Arbeit liebt, übt seine Tätigkeit begeistert aus. Begeisterung setzt Energie und Kreativität frei. Daher steht häufig hinter dem Satz "Ich habe keine Zeit!" die Bedeutung "Ich habe keine Lust."

Intensives Zeitmanagement bedeutet, seine Zeit zu planen und zu nutzen. Zeit ist Energie, die nach einem sinnvollen Einsatz verlangt. Mit einem deutlichen Ziel vor Augen ist der sinnvoll eingesetzte Faktor Zeit ein wesentliches Element für den Erfolg. Wie aber funktioniert erfolgreiches Zeitmanagement in der Praxis?

Der erste Schritt ist die Konzentration auf ein Ziel. Viele Menschen verschwenden zuviel Zeit für die kleinen unwichtigen Aufgaben und lassen sich dadurch von den wirklich wichtigen Zielen ablenken. Bei genauer Überprüfung stellt sich heraus, daß die meisten kleinen Aufgaben entweder delegiert oder verschoben werden können. Die Energie sollte sich nach dem Motto "das Wichtigste zuerst" auf die größte Aufgabe des Tages richten. Diese Aufgabe hat *heute* absolute Priorität. Auch ein unerwartetes Telefongespräch oder ein kurzfristig eingeschobener Termin darf davon nicht ablenken. Konzentration auf das Wesentliche bedeutet Zielklarheit. Am einfachsten ist es, jede Aufgabe unter einer der folgenden Kategorien einzuordnen:

## A-Aufgaben

Die unaufschiebbaren, wichtigen Tagesaufgaben, die weder verschoben noch delegiert werden können, sind A-Aufgaben. In diese Kategorie sollten Sie eine einzige, höchstens zwei Aufgaben einordnen, die Ihre ganze Energie verdienen. Daher sollten Sie die beste Zeit des Tages dafür einplanen - eventuell einen Zeitraum, in dem das Telefon nicht so häufig wie sonst klingelt. Vielleicht machen Sie schon bald die Erfahrung, daß Sie die Aufgabe dann nicht nur schneller, sondern auch mit größerer Begeisterung lösen. Oft erledigen sich mit einer A-Aufgabe auch ein paar kleinere Aufgaben wie von selbst.

## B-Aufgaben

Das sind wichtige Aufgaben, die aber nicht ganz so dringend erledigt werden müssen wie A-Aufgaben. Diese Aufgaben müssen zeitlich hinter den A-Aufgaben zurückstehen. B-Aufgaben können auf den nächsten Tag verschoben werden, wenn eine A-Aufgabe mehr Zeit beansprucht als vorgesehen. Dann kann es vorkommen, daß B-Aufgaben zu A-Aufgaben werden und Priorität bekommen. Jetzt können Sie sich ganz dieser Aufgabe widmen.

## C-Aufgaben

C-Aufgaben sind die kleineren, unwichtigen, aber zeitaufwendigen Aufgaben des Tages. An wen können Sie diese Aufgaben delegieren (Sekretärin, Assistent, Bürobote)? Wann können Sie diese Aufgabe, wenn keine andere Person dafür in Frage kommt, am rationellsten selbst erledigen? C-Aufgaben haben die angenehme Eigenschaft, daß sie sich manchmal von selbst erledigen. Die Angelegenheit, die Sie in dem vor drei Tagen unter C eingeordneten "Brief an den Anwalt" klären wollten, ist mittlerweile vielleicht schon nicht mehr aktuell. Manchmal stecken C-Aufgaben auch in A-Aufgaben. Ein erfolgreich abgeschlossenes A-Projekt, hat Ihnen ein gutes Honorar eingebracht und hat die Werbekampagne, die einen neuen Kundenkreis ansprechen soll, überflüssig gemacht. Aufgrund Ihres großen Erfolges kommen die Kunden von selbst auf Sie zu. Auch eine C-Aufgabe kann je nach Dringlichkeit oder Bedeutung zur A- oder B-Aufgabe werden.

Auf jeden Fall gilt: Eine Anhäufung von Terminen ist letzten Endes weniger effektiv als eine einzige Aufgabe hervorragend zu lösen. Wer sich zuviel vornimmt, wird nervös. Nervosität führt zu Fehlern, die korrigiert werden müssen und dadurch Zeit kosten. Eine einzige Aufgabe dagegen kann immer erledigt werden. Jede erfolgreich abgeschlossene Arbeit ist ein Erfolgserlebnis und gibt Motivation für die nächste Herausforderung. Es entsteht eine positive Eigendynamik: Ziel - Aufgabe - Lösung - Erfolg-Motivation - nächstes Ziel usw.

Zeitmanagement ist in erster Linie Tagesplanung. Wer am Morgen genau weiß, was er am Nachmittag und Abend zu tun hat, kann sich auf wichtige Situationen systematisch vorbereiten und Energien sammeln. Ein unverzichtbares Instrument des Zeitmanagements ist ein Zeitplan-System. Dabei ist es unwichtig, ob es sich um einen einfachen Taschenkalender oder um einen Computer handelt. Wirkungsvoll sind auch Motivationscassetten, die direkt auf das Unterbewußtsein einwirken. Ein Beispiel ist meine Cassette "Werde Herr Deiner Zeit".

In der Zeitplanung liegt auch die Möglichkeit, mehr über sich selbst zu erfahren.

Folgende Schritte können helfen, die Zeichen der Zeit zu erkennen und für sich zu nutzen:

1. Entwicklung des Zeitbewußtseins und der Sensibilität für die individuelle Zeitgestaltung,
2. Zielklarheit und Konzentration auf das Wesentliche,
3. systematische Zeitplanung unter Festsetzung der Prioritäten,
4. positive Selbstkontrolle.

Wer diese vier Punkte konsequent anwendet, hat die besten Chancen, die Zeit für sich arbeiten zu lassen.

Vielleicht sollten Sie sich den Satz von Lichtenberg über Ihren Schreibtisch hängen: "Die Leute, die zu wenig Zeit haben, tun am wenigsten."

Wichtige Punkte, die ich kurzfristig anwenden werde:

1. _____

2. _____

3. _____


Wichtige Änderungen in meiner Lebensführung:

1. _____

2. _____

3. _____


Punkte, die ich im Fernsehen und bei starken Persönlichkeiten beachten werde:

1. _____

2. _____

3. _____


Punkte, die ich in der Diskussion besprechen sollte:

1. _____

2. _____

3. _____

# Mit Schwung aus dem Stimmungstief

**Was erwartet Sie in diesem Kapitel?**

Problematik der Verzweiflung

Überwindung durch Humor und Zuversicht

Bedeutung des Lachens

* * *

### Niederlagen mit Humor und einem Lächeln überwinden

Nichts kann einen Menschen so sehr aus der Bahn werfen wie ein Schicksalsschlag oder eine Niederlage. Wenn das Schicksal zuschlägt, gerät die Seele ins Schlingern, der Körper aus dem Lot, geistige Vitalität und Schaffensfreude verebben und versanden. Schicksalsschläge sind Tiefschläge - sie treffen fast immer dort, wo man am verletzlichsten ist, und sie können aus einem kreativen, lebensfrohen und mit sich und seinem Schicksal rundum zufriedenen Menschen von heute auf morgen ein Häuflein Elend machen.

Alle Energien und Kräfte scheinen auf einen Schlag gewichen zu sein. Es bleibt nichts außer Trauer, Enttäuschung, Verzweiflung und einer schier überwältigenden Müdigkeit und Hoffnungslosigkeit. Es gibt scheinbar keinen Weg aus der Talsohle.

Im Leben jedes Menschen treten eine Vielzahl großer und kleiner Tragödien auf: Sterben und Tod eines nahen Angehörigen,

Trennung, Verlassenwerden und Ehescheidung sind allesamt mit einem großen Verlust verbunden, dem Verlust eines Menschen, der nicht zu ersetzen ist. Hier sind Trauer und Verzweiflung sicher ein notwendiger Umgang mit dem Verlust. Doch es gibt Menschen, die nicht mehr aufhören können zu trauern, die sich verkriechen, sich gehenlassen, keinerlei Interesse mehr an ihrer Umgebung und sich selbst zeigen, die sich aufgeben und am Leben verzweifeln. Der vom Schicksal Geschlagene wird zu einem Gefallenen, der es nicht mehr schafft, wieder aufzustehen. Das Schicksal kann grausam zuschlagen; und man kann ihm nicht entgehen - man kann nur lernen, mit ihm umzugehen.

"Seele des Menschen, wie gleichst du dem Wasser! Schicksal des Menschen, wie gleichst du dem Wind!" schrieb Goethe in seinem Gesang der Geister über dem Wasser. Wie der Wind das Wasser wühlt das Schicksal die Seele auf, bringt Unruhe und Disharmonie in das Leben, läßt hohe Wellen schlagen. Aber wenn der Wind vorüber ist, beruhigt und regeneriert sich das Meer wieder. Nicht immer kann man sich vor der Gewalt des Schicksals schützen, doch man kann lernen, sich von den Folgen zu erholen. Im Schicksal liegt eine Herausforderung, denn auch Unruhe kann etwas lange Verborgenes aufwühlen und zum Vorschein bringen. Die Kräfte des Meeres entfalten sich im Sturm. Die Kräfte des Menschen können sich gerade im Schicksalsschlag, in der Niederlage, im Tief entfalten.

Vielleicht waren Sie schon einmal im Krankenhaus oder haben einen Angehörigen dort besucht. Und vielleicht ist Ihnen aufgefallen, wie unterschiedlich Menschen mit Krankheit umgehen. Da trifft man Menschen mit relativ harmlosen Erkrankungen, nach leichten Operationen, die Tag und Nacht nach einer Schwester rufen und schmerzstillende Medikamente verlangen, die trübsinnig in ihrem Bett liegen und mit ihrem harten Schicksal hadern. Es gibt aber auch Menschen, die trotz schwerster Krankheit in der Lage sind, mit einem Lächeln, einem Scherz oder ein paar freundlichen Worten und der Macht des Humors anderen Trost und Freude zu spenden, obwohl sie vielleicht schwerer krank sind als diejenigen, die sie aufrichten.

Wer, glauben Sie, hat die besseren Chancen, sein Schicksal zu meistern, vielleicht wieder gesund zu werden - die Trübsinnigen oder die Humorvollen? Ich glaube, Sie ahnen die Antwort, die Ihnen viele Ärzte bestätigen können. Lachen ist die beste Medizin. Schon in der Bibel steht: "Ein fröhliches Herz tut gut wie eine Medizin." Die heilsame Wirkung des Humors wird aber leider nicht nur in der Medizin sträflich vernachlässigt.

Viele Philosophen, Weise und Dichter haben die Macht des Humors über das Schicksal in Worte gefaßt:

*"Wenn das Schicksal hart zufaßt, soll der Humor es sanft abschütteln." (Karl Peltzer, österreichischer Schriftsteller)*

\* \* \*

*"Humor ist, mit einer Träne im Auge lächelnd dem Leben beipflichten." (Friedl Beutelrock, Schriftstellerin)*

\* \* \*

*"Traurigkeit ist Stille, ist Tod. Heiterkeit ist Regsamkeit, Bewegung, Leben." (Marie von Ebner-Eschenbach)*

\* \* \*

*"Einer sei jung, schön, reich und geehrt, so fragt sich, wenn man sein Glück beurteilen will, ob er dabei heiter sei. Ist er hingegen heiter, so ist es einerlei, ob er jung oder alt, gerade oder bucklig, arm oder reich sei: Er ist glücklich." (Schopenhauer)*

\* \* \*

*"Der Humor trägt die Seele über Abgründe hinweg und lehrt sie mit ihrem eigenen Leid spielen." (Anselm Feuerbach, Maler)*

\* \* \*

*"Humor ist, wenn man trotzdem lacht." (Otto Julius Bierbaum)*

\* \* \*

*"Wer singen und lachen kann, der erschrecket sein Unglück."*
*(Sprichwort)*

\* \* \*

*"Dem Heitern erscheint die Welt auch heiter." (Goethe)*

\* \* \*

*"Die besten Ärzte der Welt sind Dr. Diät, Dr. Ruhe und*
*Dr. Fröhlich." (Jonathan Swift)*

All diese Worte haben eines gemeinsam: Sie enthalten die Zuversicht, daß Humor das beste, manchmal sogar das einzige Mittel gegen Leid, Krankheit und Seelenschmerz ist. In den meisten Krankenhäusern wird die Auseinandersetzung mit dem Tod als notwendig empfunden, während für das Lachen kein Platz zu sein scheint. Auf einer Krebsstation erlebte ich, daß schwerstkranke Patienten zurechtgewiesen wurden, weil sie fröhlich beisammensaßen und laut lachten. Der Grund: im Sterbezimmer nebenan könnten die Patienten darunter leiden. Dem Ernst des Todes wurde Priorität eingeräumt vor der Fröhlichkeit des Lebens.

In der alternativen Medizin besinnt man sich jedoch auf die Heilkraft des Optimismus'. In der sogenannten Heilvisualisierung erzeugt der Patient in seiner Phantasie positive Bilder, auf die Nerven- und Immunsystem nachgewiesenermaßen positiv reagieren. Die körperlichen Selbstheilungskräfte können durch positive Assoziationen aktiviert und verstärkt werden. Auch der Urvater der Medizin, Hippokrates, war sich der heilsamen Wirkung positiver Bilder bewußt, als er seinen Ärzten empfahl, fröhlich und lächelnd mit den Patienten umzugehen. Ein ernst dreinblickender, besorgt und streng wirkender Arzt macht den Patienten angst - ein

59

Arzt, der lächelnd und fröhlich auf sie zukommt, weckt Hoffnung, Zuversicht und Optimismus. Angst lähmt - Zuversicht baut auf. Wo also ist Zuversicht notwendiger als in der Krankheit?

Wenn Humor sogar helfen kann, Krankheiten zu besiegen - welch eine Kraft hat dann ein Lachen in seelischen Lebenskrisen, im geschäftlichen Mißerfolg, in der privaten Niederlage! Humor ist Lebensenergie, ist positive Energie. Leider verstehen es viele Menschen nicht, diese Energie zu nutzen. Ein Rohstoff, der nicht genutzt wird, setzt auch keine Energie frei. Wer die Energiequelle Humor zu nutzen versteht, hat damit ein unschlagbares Mittel gegen den (Tod-)Ernst des Lebens gewonnen.

Das Gegenteil von Humor ist nicht nur Ernst, sondern auch Angst, Ärger, Engstirnigkeit, Pessimismus, Aggression Gefühle und Faktoren, die das Leben schwermachen. Humor hilft, vieles leichter zu nehmen. Der humorvolle Mensch ist ein optimistischer Mensch.

Der beliebte Schauspieler Heinz Rühmann, der in seinen Filmen durch seinen Witz und Humor schon viele Menschen zum Lachen gebracht hat, definierte den optimistischen Menschen so: "Ein Optimist ist ein Mensch, der alles halb so schlimm oder doppelt so gut findet."

Demnach wäre ein Pessimist also jemand, der alles doppelt so schlimm oder halb so gut findet. Für diesen Menschen wird ein Problem zur Tragödie, eine Krankheit zum Todesurteil, ein Fehlschlag zum Unglück. Wer sich in einer Talsohle befindet und den Berg davor als doppelt so hoch empfindet - der wird wohl resignieren angesichts dieser unüberwindlichen Höhe. Wer ihn aber halb so hoch sieht, kommt leichter, weil zuversichtlicher, aus dem Tal heraus. Der Optimist kann aus allem das Beste herausholen. Er akzeptiert die Dinge, auf die er keinen Einfluß hat, und macht das Beste aus den Dingen, die er beeinflussen kann. Wer das Leben nicht so ernst nimmt und neben einem weinenden immer noch ein lachendes Auge hat, wird wieder aufstehen, wenn er gestürzt ist.

Auch die härtesten Schicksalsschläge lassen sich leichter verkraften, wenn man darauf vorbereitet ist. Wer viel riskiert und hoch hinaus will, der kann auch tief fallen. Wer mit Ironie der Ironie des Schicksals kontert, hat das beste Mittel gegen eine schwere Bruchlandung in der Hand. Eine wirksame Autosuggestion ist die Formel: "Ich kann gar nicht abwarten, bis sich etwas Gutes daraus entwickelt."

Wer auf Niederlagen und Rückschläge schnell, dynamisch, kreativ und zielgerichtet reagiert, schaltet eine Art "Gegenschub" ein und verfügt damit über ein wirksames Mittel zum Wiederaufstehen. Denn Hinfallen ist keine Schande - aber Liegenbleiben. Wer noch lachen kann, hat Grund genug zum Aufstehen und Weitermachen.

Und nicht zuletzt ist Humor ansteckend. Wer sich selbst nicht so furchtbar ernst nimmt, strahlt mehr Selbstbewußtsein und Harmonie aus als jemand, der ständig verbissen darauf bedacht ist, daß alle ihn ernst nehmen.

Außerdem: Wer andere zum Lachen bringen kann, leistet einen Beitrag zu einem menschlicheren Klima. Ein Tier kann nicht lachen. Das kann allein der Mensch, doch ob er es auch tut, bleibt ihm selbst überlassen.

Wichtige Punkte, die ich kurzfristig anwenden werde:

1. _____

2. _____

3. _____


Wichtige Änderungen in meiner Lebensführung:

1. _____

2. _____

3. _____


Punkte, die ich im Fernsehen und bei starken Persönlichkeiten beachten werde:

1. _____

2. _____

3. _____


Punkte, die ich in der Diskussion besprechen sollte:

1. _____

2. _____

3. _____

# Mentales Training:
# Der Sieg über die Angst

**Was erwartet Sie in diesem Kapitel?**

Wirkungsweise des Mentalen Trainings am Beispiel Sport

Angst verhindert den Erfolg

Entfalten der inneren Kräfte - "Ich kann, was ich will"

* * *

## Angst macht erfolglos - Angstfreiheit macht erfolgreich

Diese einfache Formel kann helfen, innere Blockaden zu überwinden, die Sie vielleicht bisher daran gehindert haben, wirklich erfolgreich zu sein. Ängste sind Widerstände. Die Angst vor der Zukunft verhindert einen positiven Blick nach vorn. Wer Angst vor der Zukunft hat, plant seine Zukunft nicht, setzt sich keine positiven Ziele. Ängste können das Denken und Handeln bestimmen, sie können selbstverständlich bis zur Gewohnheit werden. Man kann lernen, mit seiner Angst zu leben, aber wer seine Ängste nicht überwindet, tritt zeitlebens auf der Stelle. In meinem Buch "Mit Freude leben" finden Sie in der 4., erweiterten Auflage ein faszinierendes Beispiel, wozu Menschen in der Lage sind, wenn sie ihre Angst überwinden. Jeder Mensch hat eine natürliche und begründete Angst vor dem Feuer. Durch systematische suggestive Einwirkung waren viele Teilnehmer des Königsteiner Seminars

"Der erfolgreiche Weg" in der Lage, schmerzfrei über glühende Kohlen zu laufen. Dieses Experiment hat bewiesen, daß Menschen, wenn sie in der Lage sind, ihre Angst zu besiegen, Grenzen überschreiten können. Wer über glühende Kohlen laufen kann, ist auch fähig, andere, bisher nicht für möglich gehaltene Leistungen zu vollbringen.

Die Herausforderungen des täglichen Lebens, die Anforderungen im Beruf verlangen täglich Grenzüberschreitungen. Wer ständig sagt: "Das ist unmöglich" wird nie das Unmögliche möglich machen können. Er hindert sich selbst an der Entfaltung seines Kräftepotentials. Der amerikanische Erfolgstrainer und Geistliche Dr. Robert Schuller sagt: "Wenn Sie erkannt haben, daß nichts unmöglich ist, dann sind Sie frei und in der Lage, die Lösung zu sehen; dann können Sie glauben, daß der Weg zum Erfolg zwar zahlreiche Kurven hat, aber niemals in einer Sackgasse endet." Das bedeutet also, daß jemand, der das Unmögliche akzeptiert, seine Unfreiheit akzeptiert. Innere Freiheit beginnt in dem Moment, wo Grenzen, wo Widerstände und Blockaden nicht mehr als unüberwindbar hingenommen werden.

Im Sport findet man diese These vielleicht am deutlichsten bewiesen. Kein Spitzensportler kommt heute noch allein durch Talent nach oben. Mentale Stärke, die aufbauende psychische Kraft, trägt nach Meinung von Experten und Sportlern einen wesentlichen Teil dazu bei, daß aus guten Sportlern Sieger werden, während andere, vielleicht sogar talentiertere auf der Strecke bleiben.

Im Sport wie in jedem anderen leistungsintensiven Beruf spielt die Motivation eine genauso große Rolle wie die innere Einstellung und die Konzentration. Äußerste Konzentration genau zum richtigen Zeitpunkt - das ist die Formel für sportlichen Erfolg, für beruflichen Erfolg.

Konzentration ist Zielklarheit. Konzentration ist der bedingungslose Wille zum Sieg, Konzentration bedeutet, frei zu sein von störenden Einflüssen und Gedanken, frei von Ängsten und der Vorstellung, es vielleicht doch nicht schaffen zu können. Konzentration ist "Einpünktigkeit". Nur das eine Ziel, der Sieg, der

Erfolg, ist im Augenblick der vollkommenen Konzentration von Bedeutung.

Das setzt voraus, daß Körper und Seele locker und entspannt sind. Verkrampfung ist Widerstand. Der verkrampfte Körper und Geist steht dem Erfolg im Wege. Viele Spitzensportler praktizierten früher Autogenes Training, um den Wettkampf-Streß abzubauen und die Konzentrationsfähigkeit zu stärken. Manche wenden diese Entspannungsform noch heute an. Doch in der Formel: "Deine Glieder werden schwer" liegt die Gefahr, daß das Energie-, Kraft- und Leistungspotential eher träge und damit gebremst statt aktiviert und zur vollen Entfaltung gebracht wird.

Das Mentale Training (= Training des Geistes) ist eine weiterentwickelte Form des Autogenen Trainings, in dem ebenfalls die Einheit von Körper, Seele und Geist als optimales Kraftpotential angestrebt wird. Je harmonischer diese Einheit, desto stabiler und leistungsfähiger ist der Mensch. Angst, Nervosität, Depressionen und Konzentrationsstörungen verhindern diese Stabilität und schaffen Abstand zwischen Unterbewußtsein und Bewußtsein. Das heißt, daß vom Bewußtsein her durchaus der Wille zum Sieg da sein kann, die Blockaden aus dem Unbewußten aber dennoch stärker sind - ein Phänomen, das Spitzensportler zur Verzweiflung treiben kann.

Zu Spitzenleistungen kommt es nur, wenn Begabung, körperliches Potential und Umweltfaktoren harmonisch zusammenwirken. In der Praxis sind es selten die körperlichen Grenzen, die den Sieg verhindern. Die Technik lernt jeder Sportler von Kindesbeinen an, Kraft und Kondition sind Trainingssache.

Trotzdem sind es häufig die gleichen nervenstarken Nachwuchskräfte, die gegen erfahrene und durchtrainierte Profis gewinnen. Bei diesen versagen in der entscheidenden Phase oft die Nerven. Als "Trainings-Weltmeister" werden letztere spöttisch bezeichnet, weil sie den Nervenbelastungen eines Wettkampfes nicht gewachsen sind. Es gibt genügend Beispiele, wie Ausnahmeathleten in entscheidenden Phasen versagt haben. Jeder Sportler kennt Momente, in denen Nerven, Ängste und Blockaden stärker sind als er selbst.

Beim Mentalen Training kommt es nun darauf an, daß der Wille zum Sieg und die Umweltprägung sich harmonisch verbinden und die inneren Kräfte entfaltet werden. Deshalb sind die zwei Hauptbereiche des Mentaltrainings:

- Steigerung des Selbstbewußtseins zur Stabilisierung des Charakters und
- Steigerung der Lernfähigkeit zur Stabilisierung der Konzentration.

Dabei wird in vier Stufen vorgegangen:

### Die 1. Stufe: Gewöhnen an Ruhe

Viele Menschen glauben, daß der Zustand der vollkommenen Entspannung nur in einer absolut ruhigen Umgebung, möglichst im Liegen, in einem abgedunkelten Zimmer und mit geschlossenen Augen erreicht werden kann. Aber sowohl im Sport als auch im hektischen Berufsleben ist man darauf angewiesen, jederzeit und unabhängig von äußeren Reizen, aus einem Streß-Zustand - auch "Beta"-Zustand genannt - in den entspannten "Alpha"-Zustand zu gelangen. Erst im Alpha-Zustand ist eine erfolgreiche und zielgerichtete Beeinflussung des Unterbewußtseins möglich. Im Zustand der völligen Entspannung ist das Unterbewußtsein formbar wie Wachs. Jede Suggestion, die das Unterbewußtsein nun erreicht, ist eine systematische Programmierung des unbewußten Gehirns.

### Die 2. Stufe: Wachsenlassen der Ruhe und Steigerung der Konzentrationsfähigkeit

Wer fest an etwas glaubt, ist unerschütterlich. Zum Ziel führt nur der Glaube, die tiefe innere Überzeugung. Konzentration auf ein Ziel bedeutet, nur das aufzunehmen, was zur Erreichung dieses Zieles notwendig ist. In der Entspannung kommt die Erkenntnis über das, was wichtig und interessant ist. Entspannung ist deshalb der erste Schritt zur Selektion: Was will ich erreichen? Entspannung ist der Weg zur Mitte, zur Stille im eigenen Inneren mitten in einer lauten, lärmenden und reizüberfluteten Umgebung. Entspannung heißt immer auch, sich zu lösen. Wer nicht loslassen kann, verliert seine Ängste und Hemmungen nicht. Loslassen ist deshalb Freiheit und Lebensbejahung. Der gelassene Mensch ist ein freier, selbstbewußter und souveräner Mensch. Der Weg zur Mitte, zur inneren Gelassenheit gliedert sich in drei Stufen:

1. Ruhe erzeugen,
2. sich an die Ruhe gewöhnen,
3. innere Ruhe jederzeit abrufen können.

Nicht in der Normalität zeigt sich die Fähigkeit zur Gelassenheit, sondern in Krisen und Extremsituationen. Der gelassene Mensch ist ein Mensch, der auch in extremen Lagen ruhig und entspannt sein kann und zu einem Höchstmaß an Konzentration fähig ist. Nicht Mittelmäßigkeit, sondern Meisterschaft zeichnet die Erfolgreichen aus. Wer sich seiner Ziele bewußt ist, schafft die Grundlage für den Erfolg. Zielklarheit und Konzentration sind eins. Ungeduld und Nervosität hindern am Erfolg. Der entspannte Mensch wird sich in aller Ruhe und Schritt für Schritt seinem Ziel nähern, in dem souveränen Bewußtsein, daß er kann, was er will. Konzentration kommt aus der Entspannung. Nervosität zerstört - Konzentration baut auf.

### Die 3. Stufe: Abbau von Hemmungen, Verkrampfungen und Ängsten

Jeder Spitzensportler wird seine Muskulatur zuerst auf die Höchstleistung einstimmen, die ihm im Wettkampf bevorsteht. Er wird sich "warmlaufen", "warmspielen", seine Muskeln, Sehnen und Bänder dehnen und strecken. Kalte Muskeln verkrampfen bei Belastung. Zerrungen, Bänderdehnungen oder Muskelfaserrisse sind fast immer die Folge von ungenügender Vorbereitung. Der Körper kapituliert vor der plötzlich geforderten Leistung, auf die er noch nicht eingestimmt ist.

Nur wenn die Muskulatur warm und weich ist, die Bänder und

Sehnen dehnungsfähig und belastbar, ist der Körper den Beanspruchungen gewachsen.

Nicht anders ist es mit der Psyche. Jede Verkrampfung und Verhärtung, also jede Hemmung und jede Angst, blockieren die Leistungsfähigkeit. Auch die Seele muß weich, warm, dehnungsfähig und belastbar sein, um ihre optimale Konzentrationskraft entfalten zu können. Ein Fußballspieler, der Angst vor Verletzungen hat, wird keinen Zweikampf gewinnen können, eine Skifahrerin, die mit der Angst vor einem Sturz startet, wird nicht gewinnen. Ein Verkäufer, der Angst vor einem "Nein" des Kunden hat, kann nicht überzeugend sein, ein Manager, der ständig die Konkurrenz fürchtet, ist nicht fähig zu zukunftsorientierten Investitionen. Wer Angst hat, tut das Falsche oder er tut das Richtige nicht gut genug. Nur wer frei ist von Ängsten, Hemmungen und Verkrampfungen, ist zur Mobilisierung all seiner Kraft- und Energiereserven in der Lage. Angstfreiheit = Entscheidungsfreiheit = Willensstärke!

**Die 4. Stufe: Verstärkung der Belastbarkeit und Aktivierung des Siegeswillens**

Von einem Spitzensportler wird ein Höchstmaß an Belastbarkeit erwartet. Nur wer sich abschirmen kann gegen nervliche Anspannung und die streßreiche Atmosphäre eines Wettkampfes, wird zur Weltspitze zählen. Herausragende Sportler sind Paradebeispiele dafür, daß höchste Konzentration auf sich selbst und das angestrebte Ziel sowie das geistig-seelische "Ausschalten" von äußeren Einflüssen - z.B. Zuschauerreaktionen - auch in Extremsituationen möglich sind.

Konzentration sieht man im Gesicht, an der Reaktion des Körpers und der traumhaften Beherrschung der Technik.

Nehmen wir das Beispiel Tennis: Das Gesicht eines Tennisspielers beim Aufschlag, die körperliche Reaktion beim Return und die sichere Plazierung des Balles im Feld machen deutlich, daß Konzentration erkennbar, erfaßbar ist. Kein Sportler kann streßfrei sein. Aber die negative Umsetzung von Streß heißt Nervosität, heißt Zerstreuung. Zerstreuung ist das Gegenteil von Konzentration.

Positiver Streß ist sinnvoll und entscheidend für den Sieg. Der belastbare Mensch verwandelt Streß in Konzentration. Mit Hilfe des Unterbewußtseins ist jeder Mensch zu beruflichen und sozialen Höchstleistungen fähig. Wer sein Unterbewußtsein mit Aufgaben betraut, macht es zu seinem besten Mitarbeiter.

Alles, was dem Unterbewußtsein einprogrammiert wird, bleibt auf Dauer haften. Mit schlafwandlerischer Sicherheit arbeitet der unbewußte Teil des Gehirns für die Erfüllung unserer Ziele und Wünsche. Die ständig wiederholte Autosuggestion "Ich kann, was ich will" aktiviert das Unterbewußtsein in die entsprechende Richtung. Der eigene Wille und der Glaube, daß man erreichen kann, was man sich vornimmt, werden gestärkt. Bewußt getroffene Entscheidungen des Willens werden unterbewußt realisiert. Die wesentlichen Elemente des Mentalen Trainings sind deshalb:

- der uneingeschränkte Glaube an sich selbst und seine Kräfte,
- die Fähigkeit zu absoluter Konzentration,
- die Bereitschaft zu ständiger Verbesserung seiner Fähigkeiten,
- die Fähigkeit, sich von Niederlagen und Rückschlägen schnell zu erholen und daraus Kraft zu schöpfen,
- eine stabile Gesundheit und eine robuste Konstitution,
- der feste Wille zum Erfolg.

Das Mentale Training fördert diese Grundvoraussetzungen für Erfolg - oder aktiviert sie bei Menschen, die bisher noch nicht in der Lage waren, ihre physischen und psychischen Fähigkeiten optimal zu entfalten. Konsequentes Training der Psyche stabilisiert den Willen zum Sieg und nimmt die Angst vor der Niederlage. Jeder Mensch hat die Fähigkeiten, über sich selbst hinauszuwachsen, wenn er seine Ängste und Hemmungen überwindet. Jeder Mensch, der ein "Sieger" sein möchte, hat das Potential in sich, seine Talente, Kräfte und Energien zu entfalten, Widerstände zu überwinden, Grenzen zu überschreiten.

Wichtige Punkte, die ich kurzfristig anwenden werde:

1. _____

2. _____

3. _____

Wichtige Änderungen in meiner Lebensführung:

1. _____

2. _____

3. _____

Punkte, die ich im Fernsehen und bei starken Persönlichkeiten beachten werde:

1. _____

2. _____

3. _____

Punkte, die ich in der Diskussion besprechen sollte:

1. _____

2. _____

3. _____

# Inspiration, die Führungstechnik der 90er Jahre

**Was erwartet Sie in diesem Kapitel ?**

Inspiration als Basis für den Erfolg

Menschenführung erster Güte: Motivation

Andere faszinieren: Jeder Mensch hat sein Spezialgebiet

\* \* \*

Im letzten Jahrzehnt gab es eine Fülle von "Management by"-Systemen. Die Erfolgstechnik der 90er Jahre heißt: Management by Inspiration.

Inspiration ist ein Prozeß, der Menschen dazu bringt, sich für etwas zu engagieren. Inspiration hilft den Menschen, sich von Hemmungen zu befreien. Inspiration hilft, Grenzen zu überwinden.

Täglich begegnet uns das Wort Motivation. Aber erleben wir auch die Möglichkeiten der Motivation? Viel häufiger spüren wir doch die Wirkung der Demotivation. So ist die Zahl der demotivierten Menschen auch wesentlich größer als die der motivierten.

Kürzlich fand ich in einer Tageszeitung die Überschrift: "Die Firma macht mich noch fix und fertig!" dann folgte: "Aus zahlreichen Untersuchungen geht hervor, daß zwischen der Unzufriedenheit mit dem Arbeitsplatz und der Krankheitshäufigkeit enge Beziehungen bestehen und viele organische und psychosomatische Leiden zumindest zum Teil auf die Arbeitsbedingungen und auf das Betriebsklima zurückzuführen sind." Laut einer neuen Infratesterhebung ist jeder Achte mit seinem Arbeitsplatz unzufrieden oder empfindet eine starke gesundheitliche Belastung. Vielleicht kennen Sie, lieber Leser, meine These: "Nicht die Last der Arbeit zerstört den Menschen, sondern die bewußte und unbewußte Demotivation." So leiden z. B. Arbeiter, die den Eindruck haben, daß ihr Meister andere Kollegen vorzieht, häufiger unter Erkältung. Sie sind "verschnupft", weil die ungerechte Behandlung sie "gekränkt", das heißt, im wörtlichen Sinne krankgemacht hat.

Menschen, die begeistert sind, bringen Spitzenleistungen. Nicht nur im Sport - auch im Unternehmen oder in der Familie! Immer häufiger wird nach dem "Sinn" gefragt, nicht nur nach dem Geld. Das Gefühl, etwas Sinnloses zu tun, erzeugt den Streß, unter dem so viele Menschen leiden. Eine ideale Aufgabe macht Freude und ist darum weder eine Belastung, noch führt sie zum Herzinfarkt. Natürlich kann man auch alles dem Zufall überlassen oder auf ein Wunder warten, doch dieser Fatalismus widerspricht völlig der Philosophie des erfolgreichen Weges.

Mehr denn je brauchen wir Menschen mit Visionen, mit einem Blick für die Zukunft. Wir brauchen Menschen mit Idealen, die wissen, was sie wollen, was sie zum Positiven weiterentwickeln wollen, sowohl im großen Weltgeschehen als auch in den kleinen Dingen des täglichen Lebens. Die Philosophie des erfolgreichen Weges ist daher nichts für Menschen, die ihren Glauben an die Zukunft verloren haben und meinen, daß das ganze Leben im Grunde sinnlos sei.

Ich habe oft hoffnungslose Menschen in schwierigen Situationen kennengelernt, die alle Gründe kannten und ihre Lage in den schwärzesten Farben schildern konnten, bis zu dem Augenblick, an dem es gelang, einen Funken in ihrem Herzen zu entzünden. Inspiration, das ist die schöpferische Kunst der Menschenführung.

Vor etwa 50 Jahren machte Prof. Bahle in einer Klinik folgendes Experiment: In Hypnose suggerierte er einer Gruppe von Menschen, sie hätten keine Begabung und seien im Leben gescheitert. Dann ließ er diese Gruppe 14 Tage lang klinisch beobachten und kontrollieren. Es konnten alle psychosomatischen

Krankheiten unserer Zivilisation festgestellt werden. 14 Tage
später suggerierte er denselben Personen, sie seien talentiert, hätten
große Ziele und auch die Chance, sie zu erreichen. Sofort änderte
sich das klinische Bild. Sie waren frisch und munter, Gang
und Haltung hatten sich verändert, der Blutdruck war stabil. Die
psychosomatischen Krankheiten waren verschwunden. Dieses Experiment
beweist eindrücklich, wie wichtig eine positive Einstellung
zu sich und seiner Zukunft ist und wie verheerend sich negative
Einstellungen auf unser Leben auswirken.

Die Welt braucht Optimisten, denn der Optimist ist der einzige
Realist. Er - und nur er - erkennt die Chancen der Verbesserung
und der Weiterentwicklung. In die Zukunft zu führen durch Faszination
sollte daher Ihr Motto sein.

Das Schlimmste ist die Resignation. Die Weltgeschichte lebt jedoch,
durch die Taten großer Männer und Frauen, von Beispielen,
die deutlich machen, was Motivation vermag. Motivation aber ist
ohne Motivator nicht möglich. Wir sollten uns daher in Zukunft
viel mehr mit den Möglichkeiten der Motivation beschäftigen,
z.B. uns fragen: "Was macht den Motivator aus, welche Charaktereigenschaften
befähigen ihn, so wirksam zu sein?"

Jede Woche lesen wir im Sportteil der Zeitung über Siege und
Mißerfolge, über Motivation und Demotivation. Jeder Sportinteressierte
weiß um die Motivationskraft eines Spitzentrainers. Und
wie oft werden Trainer ausgewechselt, die ihre Motivationskraft
verloren haben.

Sportler wissen, was auch jede Führungskraft wissen sollte:
"Marschieren kann man befehlen, Weltrekorde nicht."

Vielleicht sind Sie bereit dazu, jetzt gleich einmal drei Namen
von Menschen aufzuschreiben, die Ihrer Meinung nach eine starke
Motivationskraft besitzen.

1. _____

2. _____

3. _____

Dieses Kapitel habe ich für Menschen geschrieben, die positive Veränderungen einleiten und durchsetzen wollen, denn Menschenführung in ihrer besten Form heißt Inspiration.

Wenn Kriminalisten einen Täter suchen, dann fragen sie nach möglichen Motiven. Motivation im luftleeren Raum ist also nicht möglich. Das Motiv ist der Weg zur Verwandlung eines Menschen in einen Motivator. In meinen Seminaren wiederhole ich immer wieder: "Das Gehirn ist nicht nur ein Gefäß, das gefüllt werden muß, es muß auch entzündet werden." Das Entzünden ist der Genialität auslösende Vorgang.

Keiner könnte Auto fahren, ohne es zu zünden, denn der Zündfunke löst eine Kettenreaktion aus. Sicherlich wissen Sie, wie viele Zündkerzen Ihr Auto benötigt. Wie viele Zündkerzen besitzt Ihr Unternehmen?

Zu gerne wüßte ich jetzt, was in Ihrem Kopf vorgeht. Vielleicht gehen Ihnen jetzt gerade mehrere Lichter auf. Motivation - zu deutsch: Begeisterungsfähigkeit - ist eine Fähigkeit, die nicht angeboren, sondern erworben wird. Haben Sie gelernt, Menschen zu motivieren, zu mobilisieren? Wenn ja, wann und von wem? Lee Iacocca sagt in seiner Autobiographie: "Wenn ich nicht bei Dale Carnegie gelernt hätte, Menschen zu motivieren, wäre es mir nicht gelungen, Chrysler zu retten und wieder zu einem erfolgreichen Unternehmen zu machen."

Erfolg durch Motivation! Dieses Kapitel soll ein leidenschaftlicher Appell an Sie sein, nicht nur ein immer besserer Fachmann zu werden, nicht nur Ihre Pflicht zu tun, sondern auch als Mensch, als Persönlichkeit zu wachsen. Als Persönlichkeit, die Menschen in die Zukunft führen und motivieren will und kann. Denn nicht der Umgang mit den Dingen ist am wichtigsten, sondern immer der Umgang mit den Menschen.

Nur ein Beispiel möge dies belegen. Wenn ein Mensch ein Magengeschwür hat, dann ist zumindest sein Vorgesetzter bis zu 50 Prozent Mitverursacher dieses Leidens.

Wenn ich in Firmenseminaren von dieser Tatsache berichte, werden häufig Aggressionen hervorgerufen, denn viele Menschen möchten alles ändern, nur nicht ihr eigenes negatives Verhalten.

Nicht zur Zerstörung der Schöpfung, sondern zu deren Weiterentwicklung sind wir geboren. Schon Herder erkannte: "Ohne Begeisterung schlafen die besten Kräfte unseres Gemütes. Es ist ein Zunder in uns, der Funken will."

Kürzlich besuchte ich einen Vortrag von Frau Prof. Dr. Gertrud Höhler. Sie hat sich mit ihrem Buch über Glück und Kommunikation einen Namen gemacht. Viele hundert Manager hörten ihr aufmerksam zu. Ganz deutlich erkannte die Referentin: "Alle sprechen über Kommunikation, dies ist für mich der Beweis, daß im Kommunikationsbereich etwas im argen liegt."

Ja, es ist wichtig, daß Menschen miteinander sprechen können, aber noch wichtiger ist das "Wie". Wir sollten positiv miteinander sprechen können. Was wir heute benötigen, sind nicht nur Wisser, sondern Könner, positive Vorbilder in allen Lebensbereichen.

Da nichts so bleibt, wie es ist, wird sich alles immer schneller weiterentwickeln. Daher ist die Philosophie des erfolgreichen Weges die Kunst, Probleme auf allen nur denkbaren Gebieten in Glück zu verwandeln. Wichtig auf dem Wege in eine glückliche Zukunft ist die Selbsterkenntnis, das Wissen, daß jeder Mensch auf andere wirkt, und zwar bewußt oder unbewußt, motivierend oder demotivierend. Keine Fähigkeit wirkt sich im Verlauf des Lebens so segensreich aus, wie die Fähigkeit der positiven Motivation. In diesem Bereich liegen die großen Reserven für die Zukunft. Beim Sport erleben wir es an jedem Wochenende. Über Erfolg und Mißerfolg entscheidet zuletzt die Motivation.

Zum Glück gibt es Könner auf diesem Gebiet. Von einem möchte ich berichten. Es ist Dr. Reinfried Pohl, dem später auch noch ein ganzes Kapitel gewidmet ist. Er ist kein Theoretiker, sondern ein Praktiker, der Tag für Tag beweist, daß er ein Meister der Inspiration ist. Ganz gleich in welcher Situation er ist, ob er mit den Größen aus Politik oder Wirtschaft spricht, oder mit einem seiner vielen Mitarbeiter, die ihn alle persönlich kennen, oder im Kreise seiner Familie.

Natürlich ist er auch schon oft von Menschen enttäuscht worden, doch der Erfolg gibt ihm täglich recht. Innerhalb von zehn Jahren hat er nicht nur alle Unternehmen seiner Branche überholt und ist mit seinen Mitarbeitern die Nummer 1 in Europa geworden, von Monat zu Monat erringt er mit seiner Crew neue Rekorde.

Sein Geheimnis: Er denkt stets zuerst an das Wohl seiner Mitarbeiter und dann erst an sich.

Um Ihnen das motivierende Verhalten von Herrn Dr. Reinfried Pohl zu erläutern, möchte ich Ihnen eine wahre Begebenheit erzählen. Sie handelt von Disraeli und Gladstone, zwei der großen britischen Premierminister des letzten Jahrhunderts. Eine Journalistin hatte das Privileg, bei einem Staatsbankett neben Mr. Gladstone zu sitzen. Dieses Bankett zog sich über viele Stunden hin, und sie unterhielt sich angeregt mit ihrem Tischnachbarn.

Es ergab sich, daß am gleichen Abend diese Journalistin noch zu einer Sitzung mit Mr. Disraeli eingeladen war. Auch neben ihm durfte sie Platz nehmen und konnte sich über mehrere Stunden hinweg mit ihm unterhalten. Als sie später nach ihrer Meinung über diese beiden großen Männer gefragt wurde, antwortete sie: "Als ich beim Bankett mit Mr. Gladstone zusammensaß, war ich davon überzeugt, daß er einer der charmantesten Männer ist, den ich je getroffen habe, einer der intelligentesten und bestinformiertesten Menschen auf dieser Welt, ein absolutes Genie. - Als ich den Abend mit Mr. Disraeli verbrachte, war ich davon überzeugt, daß ich eine der intelligentesten, der bestinformiertesten und gründlichsten Persönlichkeiten überhaupt sei."

Ich denke, es ist einfach zu verstehen, warum Mr. Disraeli ihr Favorit war.

Ebenso wie Mr. Disraeli verhält sich Dr. Reinfried Pohl. Sein Motto ist es, den Menschen den Weg zur Persönlichkeitsentwicklung aufzuzeigen. Es ist darum nicht erstaunlich, daß er von seinen Mitarbeitern geachtet und gemocht wird. Er gibt jedem einzelnen das Gefühl, etwas ganz Besonderes zu sein.

Lieber Leser, aus diesen Beispielen kann man erkennen, daß es sich lohnt, ein Meister dieser wunderbaren Kunst der Faszination zu werden. Ebner Eschenbach schreibt: "Begeisterung spricht immer für den, der sie erweckt, und immer für den, der sie empfindet."

Daher ist es zunächst wichtig, sich mit der Frage "Wie stark ist die Fähigkeit der Faszination schon in mir entwickelt?" zu beschäftigen. Bitte beobachten Sie in Zukunft ganz genau die Menschen in Ihrer Umgebung - Vorgesetzte, Mitarbeiter, Partner, Freunde - bei den verschiedensten Gelegenheiten. Andere zu beobachten erleichtert später, sich selbst zu beobachten.

Was eine Firma von der anderen unterscheidet, sind nicht die Produkte, sondern die Qualität der Menschen, die sie produzieren, die immateriellen Werte. Was eine Familie von der anderen unterscheidet, ist die Art und Weise, wie Eltern und Kinder miteinander umgehen.

Lieber Leser, bitte verstärken Sie die Anregungen dieses Kapitels durch die Beachtung des 11. Denkgesetzes: "Beachtung bringt Verstärkung." Vielleicht entwerfen Sie ein Plakat, auf dem Sie die nachfolgenden Begriffe sichtbar machen. Sie werden sehen, wie leicht der Weg nach oben ist.

## Der Inspirator

Lenker - Leiter - Kopf - Stütze

Meister - Lotse - Anreger

Schrittmacher - Bahnbrecher - Reformer

Pionier - Wegweiser - Initiator

Inspirator - Planer - Organisator

Manager - Lehrer - Ratgeber - Mentor

Berater - Vorbild

Vielleicht haben Sie erkannt, daß auch diese Fähigkeiten schon in Ihnen angelegt sind. Durch Training können Sie sie verstärken.

Bei Wieland fand ich den faszinierenden Gedanken: "Ein Enthusiast sein ist das Liebenswürdigste, das Edelste und Beste, was ein Sterblicher sein kann."

Wichtige Punkte, die ich kurzfristig anwenden werde:

1. _____

2. _____

3. _____


Wichtige Änderungen in meiner Lebensführung:

1. _____

2. _____

3. _____


Punkte, die ich im Fernsehen und bei starken Persönlichkeiten beachten werde:

1. _____

2. _____

3. _____


Punkte, die ich in der Diskussion besprechen sollte:

1. _____

2. _____

3. _____

# Neurolinguistisches Programmieren (NLP)

**Was erwartet Sie in diesem Kapitel?**

Richard Bandler, John Grinder und die Anfänge von NLP

Fachterminologie - anschaulich gemacht

Shakespeare: Ein Musterbeispiel für die perfekte Anwendung von NLP-Techniken

\* \* \*

Oft erscheint uns der Umgang mit Menschen wirklich schwierig. So glauben wir auch an die Sentenz, wonach der Mensch des Menschen größter Feind sein kann. Aus diesem Grunde wird es im zwischenmenschlichen Bereich immer wieder schwierige Situationen geben.

Vielleicht hat Albert Schweitzer es richtig formuliert: "Selbst wenn Du das Beste willst, darfst Du nicht davon ausgehen, daß andere Dir Steine aus dem Weg räumen. Selbst wenn Du das Beste willst, mußt Du damit rechnen, daß andere Dir immer wieder neue Steine in den Weg rollen."

Die meisten Menschen glauben, daß die Welt nun einmal so ist, wie sie ist, und wir haben uns in diesem Buch die Aufgabe gestellt, kreative Vorschläge zu machen, die den Umgang mit den Menschen harmonisieren und dadurch erleichtern. Möglicherweise entdecken wir eine neue, leichte, glückreiche Art und Weise, wie wir mit anderen Menschen und mit uns selbst zu den von uns gewünschten Ergebnissen kommen.

Zu allen Zeiten hat es Menschen gegeben, die Meister waren in der Kunst der Menschenführung.

So machte sich auch der Kommunikationsforscher und Anthropologe Gregory Bateson auf die Suche nach Methoden, die Veränderungen bewirken.

Er begann, unterschiedliche psychologische Systeme zu vergleichen, um, wie er sagte, "den Unterschied zu finden, der den Unterschied macht".

Mit seiner Arbeit regte er vor allem Bandler und Grinder an, die Wirksamkeit verschiedener Therapien methodisch zu erforschen. Richard Bandler war Gestalts-Psychologe und Computerfachmann, John Grinder war Linguist und Sprachforscher, und so bildeten beide zusammen ein ideales Team.

Bandler und Grinder analysierten die drei erfolgreichsten Therapeuten unserer Zeit: Milton Erikson, Virginia Satir, Fritz Perls. Drei hervorragende, ganz unterschiedliche Persönlichkeiten, die zudem unterschiedliche Konzepte vertraten. Nachdem Bandler und Grinder das Wesentliche aus den Vorgehensweisen der drei extrahiert hatten, fanden sie trotz der offensichtlichen Unterschiede in den Therapien Gemeinsames heraus.

Sie gaben diesen gemeinsamen Vorgehensweisen einprägsame Bezeichnungen:

| | |
|---|---|
| *Pacing* | ist die Fähigkeit, sich auf die Wellenlänge des anderen einzustellen, das Verhalten der Person zu spiegeln, Gleichschritt herzustellen. |
| *Rapport* | ist die Fähigkeit, auf der bewußten und unbewußten Ebene einen guten Kontakt, gleiche Wellenlänge herzustellen und zu halten, durch Sprache und Körpersprache. |
| *Leading* | ist das Vermögen vom Pacing ausgehend die Ge- |

danken und Gefühle des Gesprächspartners in eine neue Richtung zu lenken und zu führen.

*Reframing*   ist der Denkrahmen zum Erweitern des Blickfeldes, die Fähigkeit, Bekanntes und Vertrautes auf neue Art zu sehen.

*Anchoring*   (bekannt durch Pawlows Studien über Reflexmechanismen) ist das Verankern bestimmter Verhaltensweisen und Reaktionen über die verschiedenen Sinneskanäle.

*Ressource*   sind bisher gesammelte Erfahrungen, die nutzbar gemacht werden können. Durch das Lösen von Blockaden können wir zu dem Menschen werden, der wir in Wirklichkeit sind.

*Future-Pacing*   ist ein Schritt in die Zukunft. Die Übertragung einer Veränderung in die Zukunft ("Als-ob"-Modus oder "Probefahrt").

Dem Endprodukt ihrer Forschungsarbeit gaben Brandler und Grinder den Namen NLP - Neurolinguistische Programmierung. Was verbirgt sich nun hinter dem Kürzel NLP?

*"N"* für Neuro = Nerven; die Neurophysiologie erklärt, wie Wahrnehmungen entstehen und wie das Nervensystem arbeitet.

*"L"* für Linguistik; sie erforscht, wie die Nerven auf die Sprache reagieren.

*"P"* = Programmierung; jeder Mensch wird ständig bewußt oder unbewußt von seiner Umwelt oder durch sich selbst programmiert.

*NLP* macht deutlich, was einflußreiche Menschen immer - vielleicht unbewußt - angewandt haben. Damit wird noch deutlicher:

Erfolg - die Fähigkeit, Widerstände zu überwinden - ist lehrbar und erlernbar.

Vor vielen Jahren sandte ein sehr bekannter Arzt seinen Sohn Martin, damals 17 Jahre alt, zu mir. Martin stotterte, und ich sollte ihn dazu befähigen, frei und sicher zu sprechen. So half ich ihm dabei, seine Atmung, seine Stimme, seine Körpersprache zu verändern, löste Blockaden, und Martin wurde zusehends freier und sicherer. Ich weiß heute nicht mehr, warum ich auf die Idee kam, ihn zu bitten, die Rede des Mark Anton am Grabe Cäsars auswendig zu lernen. Er lernte diesen Text auswendig, wir trainierten den Vortrag, und weitere positive Veränderungen wurden erkennbar. Ein halbes Jahr später veranstalteten wir einen großen Kongreß, und ich bat Martin vor vielen hundert Teilnehmern auf der Bühne völlig frei die Rede des Mark Anton zu rezitieren. Es war ein überwältigender Erfolg, seiner Mutter liefen vor Freude die Tränen über die Wangen. Martin ist heute ein Meister der Kunst, mit Menschen umzugehen.

Die Rede des Mark Anton begleitet mich seit vielen Jahren, und so stellte ich mir die Frage: Warum haben eigentlich Bandler und Grinder diese Rede nicht methodisch untersucht? Denn sie enthält wirklich alles, was ein Mensch, der den Titel "Meister der Kommunikation" trägt, wissen und können muß.

So ließ ich mich von Shakespeare inspirieren und führte viele Gespräche mit NLP-Spezialisten. Sie waren alle mehr als verwundert darüber, wie viele psychologisch beeinflussende Techniken diese Rede enthielt. Und alle waren, vielleicht wie Sie jetzt, erstaunt, daß sie dieses einzigartige Kommunikationsbeispiel bisher übersehen hatten.

Den hier abgedruckten Text entnahmen wir der Reclam-Ausgabe von Shakespeares "Julius Cäsar".

Antonius    Mitbürger! Freunde! Römer! hört mich an:
                    Begraben will ich Cäsarn, nicht ihn preisen.
                    Was Menschen Übles tun, das überlebt sie,
                    Das Gute wird mit ihnen oft begraben.

Zunächst greift Antonius die Stimmung des Volkes auf (Pacing). Zugleich impliziert er, daß es neben Negativem auch Gutes an Cäsar gab. (In diesem Teil stellt er Rapport zum Volke her.)

> So sei es auch mit Cäsarn! Der edle Brutus
> Hat euch gesagt, daß er voll Herrschsucht war;
> Und war er das, so war's ein schwer Vergehen,
> Und schwer hat Cäsar auch dafür gebüßt.

Antonius erweckt zunächst den Anschein der Neutralität (Pacing). Mit dem Tode Cäsars sind seine Fehler abgegolten, er bereitet sanft Zweifel vor.

> Hier, mit des Brutus' Willen und der andern
> (Denn Brutus ist ein ehrenwerter Mann,
> Das sind sie alle, alle ehrenwert),
> Komm ich, bei Cäsars Leichenzug zu reden.

In diesem Abschnitt leiht sich Antonius Brutus' Autorität.

> Er war mein Freund, war mir gerecht und treu,
> Doch Brutus sagt, daß er voll Herrschsucht war,
> Und Brutus ist ein ehrenwerter Mann.
> Er brachte viel Gefangne heim nach Rom,
> Wofür das Lösegeld den Schatz gefüllt.
> Sah das der Herrschsucht wohl am Cäsar gleich?

Antonius beginnt, Vertrauen in seine Person aufzubauen. Zugleich beginnt er die Abwertung des Brutus durch Übertreibung. Dann aktiviert er das gemeinsame Vergangenheitswissen mit dem Ziel, die Zweifel an der Herrschsucht zu mehren.

Wenn Arme zu ihm schrien, so weinte Cäsar:
Die Herrschsucht sollt' aus härterm Stoff bestehn.

Durch Empathie beginnt er die Führung zu übernehmen (Leading).

Doch Brutus sagt, daß er voll Herrschsucht war,
Und Brutus ist ein ehrenwerter Mann.
Ihr alle saht, wie am Luperkusfest
Ich dreimal ihm die Königskrone bot,
Die dreimal er geweigert. War das Herrschsucht?
Doch Brutus sagt, daß er voll Herrschsucht war,
Und ist gewiß ein ehrenwerter Mann.

Durch suggestive Fragen versucht Antonius, eine scheinbare
Wahrheit selbst zu finden.

Ich will, was Brutus sprach, nicht widerlegen,
Ich spreche hier von dem nur, was ich weiß.
Ihr liebtet all ihn einst nicht ohne Grund:
Was für ein Grund wehrt euch, um ihn zu trauern?

Antonius beginnt, Brutus zu widerlegen. Gefühl ist angesagt. Er
beginnt durch Doppelbindung eine Konfusion.

O Urteil, du entflohst zum blöden Vieh,
Der Mensch ward unvernünftig! - Habt Geduld!
Mein Herz ist in dem Sarge hier beim Cäsar,
Und ich muß schweigen, bis es mir zurückkommt.

Trance-Induzierung durch Konfusion. Ein neuer Rahmen, entwikkelt sich (Reframing). Die Botschaft des Antonius wird mit allen
Sinneskanälen aufgenommen!

Noch gestern hätt' umsonst dem Worte Cäsars
Die Welt sich widersetzt: nun liegt er da,
Und der Geringste neigt sich nicht vor ihm.

Pacen und wecken ganz großer Gefühle der Macht, die die Bürger
voller Stolz mitempfunden hatten.

O Bürger! strebt' ich, Herz und Mut in euch
Zur Wut und zur Empörung zu entflammen,

Leading zum ersten Mal mit Future-Pacing verbunden.

So tät' ich Cassius und Brutus unrecht,
Die ihr als ehrenwerte Männer kennt.
Ich will nicht ihnen unrecht tun, will lieber
Dem Toten unrecht tun, mir selbst und euch,
Als ehrenwerten Männern, wie sie sind.

Konfusion plus Reframing, zudem Aktivierung des Geltungs- und
Besitztriebes.

Doch seht dies Pergament mit Cäsars Siegel;
Ich fand's bei ihm, es ist sein letzter Wille.
Vernähme nur das Volk dies Testament
(Das ich, verzeiht mir, nicht zu lesen denke),
Sie gingen hin und küßten Cäsars Wunden
Und tauchten Tücher in sein heil'ges Blut,
Ja bäten um ein Haar zum Angedenken,
Und sterbend nennten sie's im Testament
Und hinterließen's ihres Leibes Erben
Zum köstlichen Vermächtnis.

Antonius erzeugt, verstärkt durch Neugier, die Aufnahmebereitschaft des Volkes für seine posthypnotischen Suggestionen (Future-Pacing). Er erzeugt durch starke Bilder starke Gefühle, weckt den Zorn vor Bevormundung (Leading ohne Ende).

> Seid ruhig, liebe Freund'! Ich darf's nicht lesen,
> Ihr müßt nicht wissen, wie euch Cäsar liebte.
> Ihr seid nicht Holz, nicht Stein, ihr seid ja Menschen;
> Drum, wenn ihr Cäsars Testament erführt,
> Es setzt' in Flammen euch, es macht' euch rasend.
> Ihr dürft nicht wissen, daß ihr ihn beerbt,
> Denn wüßtet ihr's, was würde draus entstehn?

Durch ständiges Pacing, Leading und Reframing ist die Bereitschaft erzeugt worden, auf der Seite von Mark Anton zu stehen. Das Wissen um ein Erbe, gleich welcher Art, weckt Begierde. Äußerst geschicktes Future-Pacing, posthypnotische Befehle in Perfektion.

> Wollt ihr euch wohl gedulden? wollt ihr warten?
> Ich übereilte mich, da ich's euch sagte.
> Ich fürcht, ich tu den ehrenwerten Männern
> Zu nah, von deren Dolchen Cäsar fiel;
> Ich fürcht es.

Steigerung der Aggressivität, um den Willen zum Handeln des Mark Anton in die Hände des Volkes zu legen.

> So zwingt ihr mich, das Testament zu lesen?
> Schließt einen Kreis um Cäsars Leiche denn,
> Ich zeig euch den, der euch zu Erben machte.
> Erlaubt ihr mir's? soll ich hinuntersteigen?

Zusteuern auf einen großen Augenblick. Mark Anton wandelt sich
zum Befehlsempfänger der Masse. Um ihren Willen um so enger
zusammenzuschmieden, bilden sie einen kultischen Kreis.

> Nein, drängt nicht so heran! Steht weiter weg!

Mark Anton steigert die Spannung ins Unerträgliche und öffnet
dadurch der Bereitschaft zur Rache die Tür.

> Wofern ihr Tränen habt, bereitet euch,
> Sie jetzo zu vergießen. Diesen Mantel,
> Ihr kennt ihn alle; noch erinnr' ich mich
> Des ersten Males, da ihn Cäsar trug
> In seinem Zelt, an einem Sommerabend -
> Er überwand den Tag die Nervier.

Future-Pace und Verstärkung des Geltungstriebes.

> Hier, schauet! fuhr des Cassius Dolch herein;
> Seht, welchen Riß der tück'sche Casca machte!
> Hier stieß der vielgeliebte Brutus durch.
> Und als er den verfluchten Stahl hinwegriß,
> Schaut her, wie ihm das Blut des Cäsar folgte,
> Als stürzt' es vor die Tür, um zu erfahren,
> Ob wirklich Brutus so unfreundlich klopfte.

Ankern: Durch Nutzung von Bildern, Gefühlen und Geräuschen,
die im Gehirn gespeichert sind, wird eine neue Meinung gebildet.

> Denn Brutus, wie ihr wißt, war Cäsars Engel. -
> Ihr Götter, urteilt, wie ihn Cäsar liebte!

Reframing.

Kein Stich von allen schmerzte so wie der.
Denn als der edle Cäsar Brutus sah,
Warf Undank, stärker als Verräterwaffen,
Ganz nieder ihn: da brach sein großes Herz,
Und in den Mantel sein Gesicht verhüllend,
Grad am Gestell der Säule des Pompejus,

Antonius versucht hier, über persönliche Identifikation Gefühle der Rache zu mobilisieren (Refraiming).

Von der das Blut rann, fiel der große Cäsar.
O meine Bürger, welch ein Fall war das!
Da fielet ihr und ich; wir alle fielen,
Und über uns frohlockte blut'ge Tücke.

Die vierfache Wiederholung verstärkt das Gefühl persönlicher Betroffenheit.

O ja! nun weint ihr, und ich merk, ihr fühlt
Den Drang des Mitleids: dies sind milde Tropfen.
Wie? Weint ihr, gute Herzen, seht ihr gleich
Nur unsers Cäsars Kleid verletzt? Schaut her!
Hier ist er selbst, geschändet von Verrätern.

Perfektes Leading, um versteckt den Sturz der Clique zu provozieren.

Erster Bürger    O kläglich Schauspiel!
Zweiter Bürger  O edler Cäsar!
Dritter Bürger   O jammervoller Tag!
Vierter Bürger   O Buben und Verräter!
Erster Bürger    O blut'ger Anblick!
Zweiter Bürger  Wir wollen Rache.

| Alle | Auf sucht! Sengt! brennt! schlagt! mordet! laßt nicht einen leben! |
|---|---|

Möglicherweise könnten Sie jetzt fragen: Wie sollte das Martin geholfen haben? Sie könnten auch fragen: Und ich, was habe ich davon?

Nun, Martins Veränderung könnte entstanden sein durch das Vorbild Mark Antons, durch Identifikation. Diese Identifikation konnte leicht geschehen und geschieht immer wieder, vielleicht auch bei Ihnen, je nachdem, wie intensiv Sie den Text gelesen haben. Martin hat ihn auswendig gelernt, er mußte ihn dabei verinnerlichen (im Englischen: to learn by heart). Er erlebte diese Geschichte in Wirklichkeit, in Bildern. Was Sie sich vorstellen können, können Sie erreichen!

Mark Anton, der idealisierte Freund, der flexible Freund, der starke Freund, der empfindsame Freund, der mutige Freund, der politisch geschickte Freund. Es ist leicht, ihm zu folgen, ein Teil von ihm zu werden und festzustellen, daß alle diese Attribute und die Treue dazu von allen Menschen erwünschte Tugenden sind.

All dies hat in Martin Platz. So konnte er seine eigenen Persönlichkeitsmerkmale kräftigen und erweitern. Martin ist stark geworden. Er hat zugelassen, daß sein Denken, Fühlen und Handeln angereichert werden.

NLP bedeutet auch, daß wir dort, wo wir nicht so sind, wie wir es uns wünschen, unser Ziel erreichen können, wenn es doch andere Menschen gibt, denen dies gelungen ist. Wir können dann die Strategie des anderen genau erfragen und sie solange verfolgen, bis es gelingt. Oft ist es schwerer, eine eigene Lösung zu konstruieren, als etwas zu übernehmen, was schon funktioniert.

Ein Beispiel: Es gibt viele Menschen, die schlecht einschlafen können. Es gibt aber auch sehr viele Menschen, die sich hinlegen - und schon schlafen sie tief und fest. Jetzt könnten Sie sagen: bei denen ist das anders - und das ist wahr. Also machen Sie es bei sich auch anders, und Sie werden schlafen. Hinterfragen Sie aber bitte die Strategie genau:

- Was machen Sie, bevor Sie schlafen gehen?
- Was machen Sie, wenn Sie sich ins Bett legen?
- Wie liegen Sie?
- Was denken Sie? Welche Bilder sehen Sie?
- Wie klingen die Stimmen der Menschen, an die Sie denken?
- Schließen Sie gleich die Augen oder warten Sie, bis Sie müde werden? Lesen Sie? Was lesen Sie?
- Ist Ihr Licht abgedunkelt?
- Wie ist Ihre Atmung? usw.

Für alle Bereiche eines erfüllten, erfolgreichen, effektiven und glücklichen Lebens gibt es Vorbilder, die ihren Weg gefunden haben. Diese Menschen sind Vorbilder (zur Nachahmung frei) für viele geworden. Halten Sie Ausschau nach Strategien, die andere Menschen genutzt haben und die auch Ihnen helfen. Bereichern Sie Ihre Persönlichkeit, denn es gibt eine grenzenlose Zahl guter Fähigkeiten, die Sie erwerben können. Vielleicht lernen Sie einmal nur so aus Spaß - denn schaden kann es nicht - die Rede des Mark Anton auswendig. Ich bin sicher, daß sich da etwas verändern wird. Sie und ich, wir wissen, wie Martin einen Meilenstein in seiner Entwicklung erreichte. Er ist mutig geworden und hat neue, schöne und große Wünsche an sein Leben. Sie werden in Erfüllung gehen, da er an das glaubt, was er tut. Wie geht es für Sie weiter?

Wichtige Punkte, die ich kurzfristig anwenden werde:

1. _____

2. _____

3. _____

Wichtige Änderungen in meiner Lebensführung:

1. _____

2. _____

3. _____

Punkte, die ich im Fernsehen und bei starken Persönlichkeiten beachten werde:

1. _____

2. _____

3. _____

Punkte, die ich in der Diskussion besprechen sollte:

1. _____

2. _____

3. _____

# Kreativ in die Zukunft

**Was erwartet Sie in diesem Kapitel?**

Haben Sie noch Wünsche?

Wünsche sind Ausdruck der Kreativität

Anleitung: Kreativität wecken, aber wie?

\* \* \*

Zur Weihnachtszeit schreiben Kinder ihre Wunschzettel. Sie stellen eine ganze Liste zusammen und zeigen sich sehr einfallsreich bei ihrer Wunschzusammenstellung. Ein Kind hat viele Wünsche, und es unterscheidet nicht zwischen großen und kleinen, wertvollen und "wertlosen" Wünschen. Es schreibt sich alles von der Seele, was im Augenblick begehrenswert und wünschenswert ist. Der letzte Weihnachtswunschzettel meiner Tochter enthielt über zwanzig mehr oder weniger merkwürdige Wünsche vom Monopoly-Spiel und einer Angel über eine Reise nach Afrika und der Fähigkeit, alle Lieder der Welt auf der Flöte spielen zu können, bis zu besseren Schulnoten und einem Sieg in einem Skirennen.

Natürlich weiß jedes Kind, daß ihm nicht alle Wünsche erfüllt werden können. Aber es freut sich darüber, daß es so viele Dinge gibt, die es sich noch wünscht. "Kann ich mir auch wünschen, daß ich besser schreiben kann?" fragte mich meine Tochter, und als ich die Frage bejahte, meinte sie: "Ich weiß aber genau, daß ich nur besser werde, wenn ich viel übe. Aber vielleicht geht es ja in Erfüllung, wenn ich es mir ganz doll wünsche." Sie schrieb den Wunsch auf, und ich bin ganz sicher: Im nächsten Jahr wird sie viel üben, damit er auch in Erfüllung geht. Denn wer sich etwas wirklich "ganz doll" wünscht, der hat auch ein Ziel.

Wünsche spiegeln unseren inneren Besitz wider. Wer viele Wünsche hat, hat viele Gründe, alles zu tun, um sich diese Wünsche zu erfüllen. Es gibt keine "unmöglichen" Wünsche. Es ist gar nicht entscheidend, was man sich wünscht, wichtig ist nur, daß man noch Wünsche hat. So wie ein Kind können sich auch Erwachsene am inneren Reichtum ihrer Wünsche erfreuen, und in jedem Wunsch steckt ein wenig auch der Glaube, daß er in Erfüllung gehen kann.

Unser Schicksal wird bestimmt von zwei Kräften, die gegeneinander arbeiten: Hoffnung und Befürchtung. Die meisten Menschen leben mehr von der Befürchtung, daß ihre Wünsche nicht in Erfüllung gehen könnten, und verdrängen sie lieber, als ihre kreativen Kräfte zum Vorschein kommen zu lassen: die Hoffnung und den Glauben an die Verwirklichung ihrer Wünsche. Kreativität bedeutet, diese Kräfte zu stärken. Wer große Wünsche hat, wird immer wieder von neuen Einfällen und sprühenden Ideen inspiriert, die ihn der Verwirklichung seiner Wünsche näherbringen. Jeder Wunsch strebt nach Erfüllung. Die Erfüllung jedes Wunsches bedeutet Freude und Glück. Wer sich wünscht, glücklich zu sein, erwartet Glück. Deshalb braucht jeder Mensch, der glücklich sein möchte, Wünsche, die zum Ziel werden.

Wie viele Wünsche haben Sie? Zehn, zwanzig, dreißig? Oder nur einen einzigen? Doch wie viele aufregende, unnütze, merkwürdige Wünsche hatten Sie als Kind? Und heute? Sind noch echte Wünsche offen? Vielleicht haben Sie eine Menge guter Vorsätze, doch sind diese Vorsätze nicht ausschließlich an der Realität orientiert? Wir glauben so genau zu wissen, was möglich und was unmöglich ist, und vergessen so oft, uns das Unmögliche vorzustellen. Aber genau das ist Kreativität: mit der Utopie spielen, mit der Möglichkeit der Realisierung von unrealistisch erscheinenden Dingen.

In den Biographien berühmter Persönlichkeiten ist immer wieder zu lesen, daß es viele Jahre dauern kann, bis der Durchbruch kommt. Tolkien arbeitete ein halbes Leben an seiner Trilogie "Der

Herr der Ringe", Sartre arbeitete fast zehn Jahre mit drei vollständigen Überarbeitungen an einem einzigen, seinem ersten Buch, das von allen Verlegern abgewiesen wurde. Können Sie sich solche Energieleistungen vorstellen ohne einen großen Wunschtraum im Hintergrund? Wie hätten diese beiden Menschen Jahre ihres Lebens opfern können, wenn sie nicht ein Traum dazu getrieben hätte? Künstler arbeiten jahrelang an einem Gemälde, einem Buch oder einer Oper, nehmen ein Leben ohne Sicherheiten, oft in Armut und Existenznot auf sich, nur, um diesen einen großen Wunsch lebendig werden zu lassen. Schauspieler, Sänger und Tänzer verlieren in langen Jahren der Erfolglosigkeit nicht ihren Wunsch aus den Augen, manche kommen erst spät zum ganz großen Erfolg. Aber wenn sie gefragt werden, ob sich alle Mühsal gelohnt hat, werden sie antworten, daß sie es genauso wieder tun würden. Der innere Besitz, jener von anderen vielleicht als "merkwürdig" empfundene Wunschtraum, ist der wirkliche Reichtum jedes Menschen. Hinter jeder kreativen Leistung, hinter jedem kreativen Menschen, steht ein Wunsch. Aber ohne Wünsche ist Kreativität nicht möglich.

Es gibt Seminare zur Steigerung der Kreativität, und sie werden bevorzugt von Führungskräften und Jungmanagern in Großunternehmen besucht. Gerade in Industrie und Wirtschaft spielt der Faktor Kreativität eine immer bedeutendere Rolle, weil man erkannt hat, daß Kreativität und Identifikation mit dem Beruf sowie Begeisterung für die Tätigkeit unmittelbar zusammenhängen. Begeisterte Mitarbeiter sind kreativ, sie engagieren sich stärker als andere, denken mit, sind auch mal bereit, das anscheinend Unmögliche zu wagen.

Ein Verliebter braucht keine Seminare. Das Unterbewußtsein eines verliebten Menschen produziert von alleine Ideen, um seinen Wunsch zu erfüllen, seine Gefühle erwidert zu bekommen. Wer seinen Beruf liebt, gibt freiwillig das Beste, weil dies sein eigener, selbstbestimmter Wunsch ist.

Man könnte deshalb auch sagen: die Hauptursache für Erfolg ist die Liebe. Liebe setzt Wünsche frei, weckt das kreative Potential. Genialität ist nichts anderes als die Fähigkeit, sich in seine

Wünsche, seine Ziele zu verlieben. Wer keine Ziele im Leben hat, verläuft sich.

Vielleicht nehmen Sie einmal ein Blatt Papier und schreiben alle Wünsche auf, die Ihnen einfallen, ohne Zensur, ohne "vernünftiges Abwägen". Ihr innerer Reichtum ist es, der Ihre Zukunft bestimmt. Je mehr Wünsche sie haben, desto mehr kreativer Reichtum liegt in Ihnen verborgen. Beantworten Sie zu jedem Wunsch die folgenden Fragen:

- Was bedeutet mir dieser Wunsch?
- Wie glücklich wäre ich, ihn zu verwirklichen?
- Wer freut sich mit mir?
- Wer hat etwas von diesem Wunsch?
- Was habe ich davon?
- Wie paßt dieser Wunsch zu meinen anderen Wunschzielen?

Sie werden feststellen, daß Sie klar unterscheiden können zwischen wichtigen und unwichtigeren Wünschen, zwischen großen Aufgaben und kleinen und daß es zwischen Ihren Wünschen einen Zusammenhang gibt. Wer sich eine glückliche Ehe wünscht, die lang ersehnte bessere Position und eine Steigerung seines monatlichen Einkommens, wird schnell merken, daß es einen Zusammenhang gibt: Je erfolgreicher Sie sind, desto mehr verdienen Sie. Sie sehen: ein Wunsch, der sich erfüllt, erfüllt gleichzeitig auch andere Wünsche.

Schreiben Sie nun auf ein zweites Blatt die Antworten auf die folgenden Fragen:

- Was könnte mich hindern, diesen Wunsch zu verwirklichen?
- Wer ist gegen meinen Wunsch?
- Warum?
- Wem schadet mein Wunsch?
- Wieso habe ich diesen Wunsch erst jetzt?
- Warum habe ich diesen Wunsch noch nicht früher verwirklicht?
- Wie schwer ist der Weg zur Erfüllung meines Wunsches?

Vielleicht erkennen Sie, daß es weniger die äußeren als die inneren Widerstände sind, die Sie an der Erfüllung Ihrer Wünsche gehindert haben. Ihr Glaube war nicht stark genug. Hindernisse von außen sind mit einem starken Glauben an die Erfüllung des Wunsches zu überwinden, innere Widerstände müssen erst erkannt werden, um sie zu meistern. Viele Menschen schieben die Schuld für die Mißgeschicke in ihrem Leben immer auf andere, auf die Umstände und suchen nur selten die Gründe für ein Scheitern in sich selbst. Je klarer ein Wunsch Gestalt annimmt, desto stärker wird auch der Glaube an die Erfüllung.

Beantworten Sie nun auf einem dritten Blatt die nächsten Fragen:

- Was muß ich tun, um mein Wunschziel zu erreichen?
- Was muß ich täglich tun? Was monatlich? Was jährlich?
- Was muß ich in XY Monaten tun, was in XY Jahren?
- Was bin ich bereit, selbst zu tun?

Jetzt entfaltet sich Ihre Kreativität. Immer bessere Ideen werden Ihnen bewußt. Sie wissen in der Theorie ganz genau, was Sie tun müßten. Ein klar formulierter Zeitplan hilft Ihnen, das theoretische Wissen in die Praxis umzusetzen. Sie nähern sich Ihrem großen Ziel in vielen kleinen Schritten, und viele Zwischenziele, die Sie erreichen, werden Ansporn sein zum Weitermachen. Sie sind nun ganz sicher, daß es an Ihnen selbst liegt, Ihre Wünsche zu erfüllen, und Sie werden alles dafür tun, mit Zuversicht und Kreativität.

Mehr denn je werden in der Zukunft die Kreativen gebraucht, in jedem Beruf, in jedem Bereich. Wir leben in einer Zeit wachsender Gefahren, doch in jeder Bedrohung liegt eine Herausforderung, eine Chance. Die Probleme im Betrieb fordern kreative Lösungen, die Probleme der Gesellschaft, der Welt ebenfalls. Wir alle arbeiten für die Zukunft, weil wir in ihr leben werden. Es gibt überall Herausforderungen für kreativ denkende Menschen. Kreativität ist das beste Kapital für die Zukunft - für Ihre Zukunft.

Wichtige Punkte, die ich kurzfristig anwenden werde:

1. _____

2. _____

3. _____


Wichtige Änderungen in meiner Lebensführung:

1. _____

2. _____

3. _____


Punkte, die ich im Fernsehen und bei starken Persönlichkeiten beachten werde:

1. _____

2. _____

3. _____


Punkte, die ich in der Diskussion besprechen sollte:

1. _____

2. _____

3. _____

# Führungs-Ethik

**Was erwartet Sie in diesem Kapitel?**

Elemente der Führungs-Ethik

Die ideale Führungspersönlichkeit

\* \* \*

Häufig wird erfolgreichen Menschen unterstellt, sie haben ihren Erfolg auf Kosten anderer aufgebaut, Erfolg könne nur mit Ellbogenmentalität und Gaunerinstinkt erkauft werden und deshalb könnten wahrhaft Anständige nie erfolgreich sein. Doch gibt es unanständige und unmoralische Menschen unter den Erfolglosen wie Erfolgreichen gleichermaßen. Albert Schweitzer, Ghandi oder Mutter Theresa sind Beispiele erfolgreicher Menschen, die auf der Basis von Moral und Gewissen und der Überzeugung von der Richtigkeit ihres Tuns handelten. Nicht der Wille zum Erfolg ist entscheidend, sondern die Überzeugung der *Rechtmäßigkeit* seines Handelns. Das ist der Maßstab für die Ethik des Erfolges.

Heutzutage sind Unternehmensstrukturen sehr komplex: Ein Netz von Lieferanten, Kunden, Konkurrenten und qualifizierten Mitarbeitern verlangt nach ethischen Prinzipien in der Unternehmensführung. Jeder ist von jedem abhängig, kein Unternehmen kommt mehr ohne Qualität und Qualifikation in allen Bereichen zurecht. Auch die öffentliche Meinung spielt eine wichtige Rolle im Wettbewerb: unehrenhaftes und unethisches Verhalten führt zwangsläufig in eine Sackgasse. Kurzfristige Erfolge auf Kosten von Moral und Ethik bedeuten noch lange keinen Dauererfolg. Ein

98

Beispiel dafür sind die Imhausen-Werke, die mit illegalen Giftgaslieferungen in Krisengebiete gegen den Ethik-Kodex der europäischen Industrie verstoßen haben. Wenn Rechtmäßigkeit ein wesentliches Prinzip der Führungs-Ethik ist, ist Unrecht von vornherein ausgeschlossen.

Weiter ist es wichtig, daß Führungskräfte ihren Mitarbeitern das Sinnvolle und Nutzbringende, kurz den *Nutzen* ihrer Tätigkeit vermitteln können. Wer einen Sinn in seiner Tätigkeit sieht, kann stolz sein auf seine Arbeit und den Betrieb, was wiederum die Voraussetzung für Engagement und Rechtmäßigkeit ist. Stolze Mitarbeiter identifizieren sich mit ihrem Unternehmen, sie sind von der Nützlichkeit ihres Tuns überzeugt und damit von vornherein vor Versuchungen zum unethischen Verhalten sicher. Der Vorbildfunktion der Führungskraft kommt dabei eine wichtige Bedeutung zu.

Ein weiteres Element der Führungs-Ethik ist die *Ehrfurcht*. Wer Ehrfurcht vor dem Leben hat, fühlt sich der Natur gegenüber verantwortlich, wer Ehrfurcht vor dem Menschen hat, fühlt sich in der Verantwortung, für den Menschen das Beste zu wollen. Ein positives Menschenbild ist ein verantwortungsvolles Menschenbild, geprägt von Respekt, Achtung und Liebe. Der humanistische Aspekt in der Leistungsgesellschaft sieht den freien, selbstbestimmenden Menschen, der erst in der Entfaltung seiner Persönlichkeit die Erfüllung findet, seine Aufgaben annimmt und sein Leben "leistet".

Der Mensch nutzt nur etwa zehn Prozent seines geistigen Potentials, und so ist es fast unmöglich, alle Ressourcen im Laufe seines Lebens auszuschöpfen. Brachliegende Fähigkeiten können also durch entsprechende Förderung mobilisiert werden. Der humanistische Führungsaspekt spricht das menschliche Bedürfnis nach Anerkennung und Sinngebung an und ist von daher ein Faktor zur Leistungssteigerung und -optimierung.

*Macht* ist der vielleicht umstrittenste Aspekt der Führungs-Ethik. Das mag daran liegen, daß Macht und Machtmißbrauch oft gleichgesetzt werden. Doch ist das Entscheidende der Macht nicht, daß man sie hat, sondern wie man sie nutzt. Wie kaum ein anderer repräsentiert der florentinische Staatsmann des 16. Jahrhunderts Machiavelli die Chancen und Grausamkeiten der Macht. Für die einen war er ein Despot, der die Macht um ihrer selbst willen schätzte und dem Rücksicht fremd war, für die anderen verkörperte er die Staatskunst par excellence. Der Duden definiert den Begriff "Machiavellismus" als eine "politische Lehre und Praxis, die der Politik den Vorrang vor der Moral gibt" und als eine "durch keine Bedenken gehemmte Machtpolitik".

Antony Jay zeigt in seinem Buch "Management und Machiavelli" die auch heute noch vorhandenen Strukturen machiavellistischen Handelns in Unternehmen auf. Machiavelli hat seine Macht durch die Vernichtung seiner Feinde, aber auch durch Großzügigkeit gegenüber seinen Freunden gefestigt. So sollten in einer Firma die Mitarbeiter entweder ermutigt oder entlassen, aber keinesfalls mit unentschlossener Strenge degradiert werden, da sie dann mit Rachegelüsten ihre alte Stellung wiedererlangen wollen. Unentschlossenheit wird als gefährlichstes Führungsverhalten definiert, während Eindeutigkeit zwar auf den ersten Blick rücksichtslos erscheinen kann, aber notwendig für die Akzeptanz als Autorität ist. In einer Krise beweist sich die Autorität, und dann kommt der Punkt, an dem deutlich wird, inwieweit man es mit Mitarbeitern zu tun hat, die bereit sind, ihre ganze Kraft und Energie für das gesetzte Ziel einzusetzen.

In der *Notwendigkeit* liegt ein Zwang - was notwendig ist, muß getan werden. Eindeutige, manchmal schnelle Entscheidungen und eine klare Führungsstärke sind erforderlich. In der Notwendigkeit liegt auch Erfolgsdruck. Die Notwendigkeit enthält ein positives Element, wenn man in der Lage ist, sie als Herausforderung zu betrachten. Eine positive Führung schließt daher die positive Bewertung des Unvorhergesehenen und des Notwendigen ein - und die positive Vermittlung dieser Bewertung an die Untergebenen.

Resümierend könnte man vielleicht Moses zum Erfinder der Führungs-Ethik erklären, der einst die ideale Führungspersönlichkeit mit den Worten beschrieb: "Erwähle dir aus dem ganzen Volke wackere und gottesfürchtige Männer, zuverlässige Leute, die sich nicht bestechen lassen, und mache sie zu Vorgesetzten."

Wichtige Punkte, die ich kurzfristig anwenden werde:

1. _____

2. _____

3. _____


Wichtige Änderungen in meiner Lebensführung:

1. _____

2. _____

3. _____


Punkte, die ich im Fernsehen und bei starken Persönlichkeiten beachten werde:

1. _____

2. _____

3. _____


Punkte, die ich in der Diskussion besprechen sollte:

1. _____

2. _____

3. _____

# Die Erfolgsformel

**Was erwartet Sie in diesem Kapitel?**

Was sind die Voraussetzungen für Erfolg?

Hilfe für die Zukunftsplanung

* * *

Das Geheimnis der Zukunftsgestaltung liegt zunächst in der bewußten Harmonisierung unseres Verhaltens. Für unsere Zukunftsgestaltung ist es von großer Bedeutung, daß wir negative Programmierungen unserer Vergangenheit, wie Schuldgefühle, Angst und Ablehnung, so weit neutralisieren, daß sie keinen Einfluß auf unsere Gegenwart und Zukunft mehr haben. Es gilt in der Gegenwart nach Möglichkeiten zu suchen, unsere Ideal-Zielvorstellungen zu verwirklichen.

In der Meditation kann uns bewußt werden, daß unser Schicksal auf der einen Seite von unseren Wünschen, auf der anderen Seite von unseren Befürchtungen bestimmt wird. Die Bedeutung des freien Willens wird uns bewußt. Freier Wille und Schicksal können sich zu einer untrennbaren schöpferischen Kraft verbinden.

Unsere Erfolgsformel öffnet den Weg zur Zukunft:

$$\frac{Z + K + t}{Wi + Wa} = E$$

Im einzelnen heißt das:

## Zielklarheit (Z)

Am Anfang jedes Erfolges steht die Idee. Die Verwirklichung dieser Idee in der Zukunft ist das Ziel. Zielklarheit ist die Ausgangsposition für jede Entwicklung. Zielklarheit (Z) entwickeln wir aus unseren unterbewußten Wünschen und Träumen. Über das Erkennen unserer Wünsche können wir uns selbst begreifen und persönlichkeitsgerechte Ziele entwickeln. Der selbstbewußte und freie Mensch entwickelt aus seinen Wünschen realitätsbezogene Ziele. Er unterscheidet sich darin von dem wirklichkeitsfremden Träumer.

> Zielklarheit = "Ich weiß, was ich will."

## Kraft (K)

Das Gesetz der Thermodynamik sagt: "Ohne Kraft gibt es keine Bewegung." Kraft ist Energie, gleich welcher Art. Wer etwas verändern oder bewegen möchte, braucht Kraft. Unser Körper ist die Kraftquelle. Energie ist aber auch ein Vorrat an Kraft, die gebraucht wird, um Rückschläge und unerwartete Widerstände zu überwinden. Ein Mensch mit mehr als genügend Kraftreserven hat die Sicherheit, daß er genügend Energie in sich hat. Er weiß, was er kann. Dieses Selbstvertrauen befähigt ihn zu Leistungen, die zum Erreichen seiner Ziele notwendig sind.

> Kraft = "Ich weiß, was ich kann."

## Zeit (t)

Zeit (t) spielt eine wichtige Rolle. Jeder Erfolg (E) benötigt Zeit. Ein Pfirsichbaum braucht Jahre, um Pfirsiche zu produzieren. Nur ein Erfolgsneurotiker erwartet von einem frisch gepflanzten Baum sogleich die Ernte. Wer Zeit hat, besitzt die Souveränität, sich Schritt für Schritt seinem Ziel zu nähern. Mißerfolge sind oft das Ergebnis unüberlegten, vorschnellen Handelns. Erfolg heißt deshalb auch, mit seiner Zeit systematisch umzugehen.

Wer Zeit hat, hat die Souveränität, sich Schritt für Schritt, Stufe für Stufe, überlegt und systematisch seinem Ziel zu nähern. Mißerfolge sind oft das Ergebnis hektischen und unüberlegten Handelns. Wer den Erfolg auf Biegen und Brechen will, begeht viele Fehler. Selten ist er in der Lage, seine Fehler zu erkennen und rückgängig zu machen, da er längst schon weitergeeilt ist. Wer schrittweise vorgeht, kann Fehler rechtzeitig erkennen und beseitigen, indem er nur einen Zwischenschritt zurückgeht.

> Zeit = "Ich weiß, daß der Sieg erst am Ziel feststeht, und nähere mich diesem Ziel systematisch."

Unter dem Bruchstrich der Erfolgsformel stehen die inneren und äußeren Widerstände:

## Innere Widerstände (Wi)

Die inneren Widerstände (Wi), wie Pessimismus, Bedenken und Zweifel, engen die Energie des Menschen ein, die er braucht, um die äußeren Widerstände (Wa) zu überwinden. Ein Mensch, der den größten Teil seiner Kräfte für die inneren Widerstände verbraucht, besitzt zu wenig Energie, um erfolgreich mit äußeren Widerständen umzugehen.

Wo aber liegen meine inneren Widerstände, und wie kann ich

sie überwinden? Hemmungen z.B. wirken entfaltungshindernd. Sie zeigen sich an zu schnellem Sprechen, feuchten Händen, Angstschweiß, weichen Knien und kurzem Atem. Es gibt Menschen, die ihre Hemmungen mit Arroganz überspielen oder sie verdrängen. Andere aber haben gelernt, ihre Hemmungen abzubauen. Der wirkungsvollste Weg an der Weiterentwicklung der Persönlichkeit zu arbeiten, ist der Weg über die Stimme. Die Stimme zeigt am deutlichsten, wie es im Inneren eines Menschen aussieht. Ständiger Kampf gegen innere Widerstände schwächt die eigene Position. Wer dagegen die Sicherheit hat, daß er kann, was er will, konzentriert sich nicht mehr auf sich selbst, sondern auf die äußeren Widerstände.

> Widerstände überwinden = "Ich weiß, daß
> ich kann, was ich will."

Die Erfolgsformel ist immer und überall anwendbar. Mit ihrer Hilfe bringen wir Ordnung in unser Leben. Bei der Anwendung aktivieren wir bewußte, vor allem aber unbewußte Kräfte unserer Seele. Aus Möglichkeiten werden tatsächliche Chancen, wir lernen kosmische Kräfte wirkungsvoll zu nutzen. Wir nutzen die Möglichkeiten der Telepathie unbewußt und ziehen an, was wir ersehnen. Wir erleben, daß Glück keine Glückssache ist. Wir überwinden in der Tiefe unserer Seele den Pessimismus und die Depression. Alles, was lebt, will wachsen.

Ganz deutlich erkennen wir: Von der Zukunft zu träumen, das ist vollkommene Meditation. Unser Unterbewußtsein tastet in der Meditation die Möglichkeiten der Zukunft ab, so daß wir gestärkt durch Intuition unseren Weg um so sicherer gehen.

Auch Astrologen haben erkannt: "Je breiter das menschliche Volumen ist, desto schwieriger wird es, astrologische Prognosen zu erstellen." Je weiter ein Mensch entwickelt ist, desto mehr kann er durch positives Denken Einflüsse überwinden. Vielleicht kann unsere Erfolgsformel eine Schicksalsformel sein, indem Sie erkennen, wie wichtig es ist, einen Lebensplan zu entwickeln.

Wichtige Punkte, die ich kurzfristig anwenden werde:

1. _____

2. _____

3. _____


Wichtige Änderungen in meiner Lebensführung:

1. _____

2. _____

3. _____


Punkte, die ich im Fernsehen und bei starken Persönlichkeiten beachten werde:

1. _____

2. _____

3. _____


Punkte, die ich in der Diskussion besprechen sollte:

1. _____

2. _____

3. _____

# Die 14 Grundgesetze der Lebensentfaltung

**Was erwartet Sie in diesem Kapitel?**

Betrachtungen im einzelnen

Konkrete Anleitung zum Handeln

\* \* \*

1. Nur der Mensch hat die Kraft, bewußt zu denken, zu planen und zu gestalten. Nur er kann sich selbst und damit sein Schicksal und seine Zukunft gezielt beeinflussen.

2. Am Anfang jeder Tat steht die Idee. Nur was gedacht wurde, existiert.

3. Gedanken entwickeln sich im Unterbewußtsein aus dem Menschen selbst oder durch äußere Einflüsse.

4. Das Unterbewußtsein - die Baustelle des Lebens und der Arbeitsraum der Seele - hat die Tendenz, jeden Gedanken zu realisieren.

5. Aus dem kleinsten Gedankenfunken kann ein leuchtendes Feuer werden.

6. Was wachsen soll, braucht Nahrung. Die Nahrung der Gedanken ist die Konzentration.

7. Bewußte oder unbewußte Konzentration ist die Verdichtung von Lebensenergie.

8. Im Streit zwischen Gefühl und Intellekt siegt immer das Gefühl.

9. Gefühle lenken und verstärken die Konzentration unbewußt, aber nachdrücklich.

10. Durch eine gezielte Entscheidung kann die Aufmerksamkeit auf jeden ausgewählten Punkt gelenkt werden.

11. Beachtung bringt Verstärkung. Nichtbeachtung bringt Befreiung.

12. Zustimmung aktiviert Kräfte - Ablehnung vernichtet Lebenskraft.

13. Die ständige Wiederholung einer Idee wird erst zum Glauben - dann zur Überzeugung (auch in negativer Hinsicht).

14. Glaube führt zur Tat, Konzentration führt zum Erfolg, Wiederholung führt zur Meisterschaft.

*"Was Du denkst, das wirst Du tun."*

## Die 14 Grundgesetze der Lebensentfaltung

Schon Epikur forderte, daß ein System, das Lebensglück verspricht, im Einklang mit den Naturgesetzen zu stehen hat. Wer die 14 Grundgesetze der Lebensentfaltung und das damit verbundene Gedankengebäude kennt, hat die wirkungsvollste Basis für sein Lebensglück.

Einige psychologische Theorien sind wirksam, andere intellektuell interessant, jedoch für den Alltag unwirksam. Ich will Sie mobilisieren, sich immer wieder mit den 14 Grundgesetzen auseinanderzusetzen. Die beste Möglichkeit, sie in Ihrem Unterbewußtsein einzuprägen, ist, sie auswendig zu lernen.

Auswendig lernen heißt: Das Unterbewußtsein prägen, damit es unbewußt und automatisch die 14 Grundgesetze nutzen kann. Autofahren lernt man, indem man alle Regeln auswendig lernt und sie dann vergißt. Erfolgreiches Reden lernt man durch Auswendiglernen aller Regeln der Rhetorik, die man dann vergißt, um sie unbewußt anzuwenden.

So können wir auch erlernen, ein wertvolles Leben zu führen, indem wir die 14 Grundgesetze auswendig lernen, um sie auf natürliche Weise im Alltag zu nutzen. Leben sich entfalten zu lassen, im Einklang mit der Natur zu leben - dies ist unser gemeinsames Motto.

Im folgenden wollen wir uns jedes der 14 Grundgesetze der Lebensentfaltung näher betrachten.

## 1. Grundgesetz: Zukunft = Wissen um Freiheit

Das 1. Grundgesetz hat den Wortlaut: "Nur der Mensch hat die Kraft, bewußt zu denken, zu planen und zu gestalten. Nur er kann sich selbst und damit sein Schicksal und seine Zukunft gezielt beeinflussen."

Unser 1. Grundgesetz ist das wichtigste. Nur wer dieses Gesetz fest in seinem Unterbewußtsein verankert hat, kann und wird die Chancen seines Lebens nutzen. Von diesem Glauben gehen ständig die lebens- und zukunftsentscheidenden Impulse aus. Ein Mensch, der von diesem Grundgesetz überzeugt ist, reagiert unbewußt in allen Situationen und bei allen wichtigen Entscheidungen für die Zukunft anders, als eine Person, die glaubt, der Mensch sei nur ein reagierendes Wesen.

Nicht ohne Grund trägt mein Institut die Bezeichnung: "Institut für Zukunftsgestaltung". Zukunftsgestaltung heißt, etwas von seiner persönlichen Freiheit zu wissen. Freiheit heißt, auswählen zu dürfen, Freiheit heißt, Entscheidungen treffen zu können. Nicht die Sterne, nicht die Götter haben Ihr Schicksal vorbestimmt, Sie werden zum Gestalter Ihres Schicksals in dem Augenblick, in dem Sie wissen, was Sie wollen.

## 2. Grundgesetz: Die Macht der Gedanken

Das 2. Grundgesetz der Lebensentfaltung lautet: "Am Anfang jeder Tat steht die Idee. Nur was gedacht wurde, existiert."

Gedanken sind Kräfte, alles beginnt mit unserem Denken - eine Idee, ein Traum, eine Vision. Angst ist ein Gedanke, wie auch Hoffnung, Erfolg und Mißerfolg, Glück und Unglück, Gesundheit und Krankheit. Alles, was wir sehen und erleben, ist die Verwirklichung von Gedanken und Ideen. Gedanken bestimmen unser Schicksal. Unser Schicksal wird durch Befürchtungen oder Wünsche bestimmt. Sie bilden positive oder negative Kettenreaktionen, mobilisieren unsere positiven oder negativen Phantasien. Zwei Beispiele sollen diese Kettenreaktionen verdeutlichen:

1. Die Kinder sind schon seit über einer Stunde überfällig. Was kann nicht alles passiert sein? Niemand darf telefonieren, um nicht die Leitung zu blockieren. Die Konzentration ist dahin, Nervosität macht sich breit. Die Gespräche drehen sich im Kreis.
2. Herr Meier schaut sich im Fernsehen die Ziehung der Lottozahlen an und hält den Atem an, als er erfährt, daß er sechs Richtige hat ... Eine wunderbare Kettenreaktion beginnt. Selbst bei kranken Menschen reagiert der Körper ganz anders.

Sie haben die Kraft und die Macht der Gedanken sicher oft selbst erfahren. Worte sind hörbare Gedanken - sie können bei uns und anderen eine kränkende oder motivierende Kettenreaktion auslösen. Daher ist diese Erkenntnis sehr wichtig: "Der Erfolg meines Lebens wird bestimmt von der Fähigkeit, positiv zu sprechen."

Durch unsere Sprache werden Gedanken hörbar und erlebbar,

110

die Sprache gibt unseren Gedanken Leben. Durch die Kraft Ihrer Sprache gewinnen Sie an Realisierungskraft. Wer seine Sprache verändert, verändert sein Leben.

## 3. Grundgesetz: Eine Heimat finden

Das 3. Grundgesetz der Lebensentfaltung: "Gedanken entwickeln sich im Unterbewußtsein aus dem Menschen selbst oder durch äußere Einflüsse."

Ganz gleich, ob Sie in einer Groß- oder Kleinstadt oder auf dem Land leben, überall finden Sie Kommunikationsvernetzungen, die Sie bei Ihren Aktivitäten unterstützen oder blockieren. So wie wir an einem Ort wohnen, so leben unsere Gedanken in unserem Unterbewußtsein. Ob wir nun in diesem Ort geboren sind oder zugezogen, wir können unsere Aktivitäten nur entfalten, wenn wir dort eine Heimat gefunden haben. Also, ob nun eine Idee aufgrund unserer eigenen Kreativität in uns lebt oder von außen eingegeben wurde, ist völlig egal. Entscheidend ist, daß die Idee eine Heimat gefunden hat, sie von uns ganz vertreten wird.

Ein Beispiel: Ob eine Hausfrau durch vergleichende Prüfung oder aber durch Einflüsse der Werbung mit Überzeugung zu einem bestimmten Produkt greift, läuft aufs gleiche hinaus, in ihrem Unterbewußtsein ist die Idee, daß es das beste Produkt ist, verankert.

Dieses Wissen der positiven Menschenführung kann in unendlich vielen Bereichen des Lebens genutzt werden, in der Erziehung, in der Schule, beim Verkauf, beim Führen von Mitarbeitern, in der Medizin. Leider werden diese positiven Möglichkeiten häufig mißbraucht. Ob ein Schüler von sich aus auf die Idee kommt, keine Zukunft zu haben, oder der Lehrer ihm dies einredet - sobald er diese Idee im Unterbewußtsein hat, beginnt ein verhängnisvoller Prozeß. Daher sollten wir kritisch prüfen, was wir uns und anderen einreden.

## 4. Grundgesetz: Das Unterbewußtsein nutzen

Das 4. Grundgesetz der Lebensentfaltung hat den Wortlaut: "Das Unterbewußtsein - die Baustelle des Lebens und der Arbeitsraum der Seele - hat die Tendenz, jeden Gedanken zu realisieren."

Es gibt Menschen, die wissen nichts von den Möglichkeiten des Unterbewußtseins, aber sie nutzen es ständig. Wir aber wollen es verstehen und nutzen.

Das Unterbewußtsein ist die Baustelle des Lebens. In unserem Gehirn liegt ein Großteil unserer grauen Zellen brach, vergleichbar mit 13 Milliarden Mitarbeitern, die darauf warten, aktiviert zu werden. 13 Milliarden, das sind zweieinhalb Mal mehr, als augenblicklich Menschen auf dieser Welt leben. In diesem Arbeitsraum wird unser Schicksal, unsere Zukunft mit all ihren Aspekten hergestellt. Das Schicksal liegt also in uns. Wir müssen lernen, es zu nutzen, indem wir Chefqualitäten entwickeln, unsere Mitarbeiter in uns motivieren und unser Schicksal selbst in die Hand nehmen.

Alles ist ein Produkt des Unterbewußtseins: Gesundheit und Krankheit, Erfolg und Mißerfolg, Glück und Unglück, Klugheit und Dummheit usw. So wird auch verständlich, daß 80 Prozent aller Krankheiten aus der Seele, aus dem Unterbewußtsein kommen. Wie groß kann unser Einfluß sein, wenn wir diese inneren Vorgänge verstehen und steuern lernen? Wir stehen ständig vor der Alternative, die Dinge "schleifen zu lassen" oder die Verantwortung für unser Leben zu übernehmen.

"Das Bewußtsein hat die Tendenz, jeden Gedanken zu realisieren", heißt es im zweiten Halbsatz des 4. Grundgesetzes. Dabei ist nicht von Bedeutung, ob der Gedanke richtig oder falsch ist, sondern das Wort "Tendenz" ist entscheidend. Denn das Unterbewußtsein ist kein Gewissen oder Kontrollorgan, es ist ein Ausführungssystem.

Denken wir einen Gedanken einmal, ist die Tendenz gleich eins, denken wir ihn tausendmal, ist sie tausendfach intensiver. Durch die Möglichkeit der Wiederholung wird ein Gedanke stark und mächtig. Jede Idee, sei sie am Anfang noch so schwach, kann sich mit Hilfe eines zielgerichteten Willens zu kräftigem Leben entwickeln. Die Vernunft kann helfen, sich für wertvolle Ziele zu entscheiden, die Kraft und Macht des Unterbewußtseins aber beruht auf den Erkenntnissen des 4. Grundgesetzes der Lebensentfaltung.

Sich selbst zu motivieren, seine Wünsche zu erfüllen, ein erfülltes Leben zu leben, dabei kann die nachstehende, von Ihnen zu praktizierende, Autosuggestion helfen. Sie wird zum erstenmal in diesem Buch abgedruckt.

"Ich bin fest entschlossen, die Kräfte und Fähigkeiten meines Unterbewußtseins zu nutzen. Mein Unterbewußtsein ist mein bester Mitarbeiter, es ist der Riese in mir. Ich lerne, mein Unterbewußtsein immer stärker zu beeinflussen. Täglich werde ich mein Unterbewußtsein überzeugend und suggestiv ansprechen und zu ihm sagen, was ich von ihm erwarte. Täglich wächst mein suggestiver Einfluß, das stärkt und kräftigt meine Persönlichkeit. Alle Kräfte und Fähigkeiten meines Unterbewußtseins warten darauf, meine Wünsche zu erfüllen. Aus diesem Grunde werde ich täglich konzentriert und suggestiv mein Unterbewußtsein besprechen, dann wird mein bester Mitarbeiter alles tun, was ich von ihm erwarte."

## 5. Grundgesetz: Das Gesetz des Optimismus

Das 5. Grundgesetz lautet: "Aus dem kleinsten Gedankenfunken kann ein leuchtendes Feuer werden."

Haben Sie den Mut, ganz klein anzufangen. Es ist nicht einfach, man braucht ein starkes Selbstbewußtsein, um den Mut zu haben, klein anzufangen. Alle großen Menschen hatten den Mut, klein anzufangen, sei es in der Musik, in der Medizin, im Sport oder in der Politik.

Das 5. Grundgesetz der Lebensentfaltung ist das Gesetz des Optimismus. Optimisten haben es leichter, machen es sich und anderen leichter. Pessimisten dagegen machen aus einer Mücke einen Elefanten und leben daher ständig in der Gefahr, über die eigenen Füße zu stolpern.

Der Optimist ist der wahre Realist, denn er berücksichtigt die Naturgesetze des Wachstums. Diese Gesetze lassen die Pflanzen und Bäume wachsen, ebenso auch den Menschen und sein Werk. Statt zu zweifeln, sollte man lieber versuchen, seine Pläne ständig zu verbessern. "Aus dem kleinsten Funken kann ein leuchtendes Feuer werden." Jeder Einfall, jede Intuition kann einen Menschen seinem Ziel näher bringen.

Bewiesen ist die Richtigkeit des 5. Grundgesetzes mit jedem genialen Menschen ebenso wie mit den erfolgreichsten Produkten der Industrie.

## 6. Grundgesetz: Ohne Energie keine Bewegung

Das 6. Grundgesetz der Lebensentfaltung: "Was wachsen soll, braucht Nahrung, die Nahrung der Gedanken ist die Konzentration."

Die Nahrung ist die Energie, die jede Pflanze, jeder Baum, jeder Mensch, auch jeder Charakter, jedes Ziel, jedes Werk, jedes Unternehmen zum Wachsen braucht. Ohne Energie gibt es keine Bewegung, keine Veränderung.

"Die Nahrung der Gedanken ist die Konzentration" - die Konzentration steht am Anfang des Erfolges, die negativste Eigenschaft eines Menschen ist die Nervosität.

Wer ein Meister der Konzentration ist, egal welcher Tätigkeit er oder sie nachgeht, kommt an die Spitze. Das gilt für alle Bereiche: in der Erziehung, in der Familie, im Sport, ebenso im Beruf, bei der Karriere. Wenn Sie im Fernsehen Yehudi Menuhin beim Geigenspiel oder Helmut Schmidt bei einer seiner Reden beobachten, erleben Sie immer die innere Freiheit und Konzentration. Zur Meisterschaft im Leben durch Konzentration, das sollte auch Ihr Ziel sein. Hilfreich ist dabei das Mentale Training.

## 7. Grundgesetz: Absolute Konzentration

Das 7. Grundgesetz der Lebensentfaltung: "Bewußte oder unbewußte Konzentration ist die Verdichtung von Lebensenergie."

Nur im Zustand der inneren Ruhe, der Gelöstheit ist Konzentration möglich. In der Kunst des Bogenschießens in der japanischen Zen-Philosophie wird die Technik der Konzentration bis zum Absoluten gesteigert.

Es gibt zwei Arten der Konzentration, die bewußte und die unbewußte. Bewußte Konzentration praktizieren wir, wenn wir uns zu etwas zwingen, wenn wir uns zusammenreißen müssen oder wollen. Diese Konzentration kostet viel Lebensenergie und erschöpft sehr schnell - wir haben das Gefühl, am Ende zu sein.

Bei der unbewußten Konzentration dagegen läuft alles automatisch, selbst nach einem anstrengenden Tag sind noch mehr als 30 Prozent Energie in unserer Nervenbatterie gespeichert.

Um unsere unbewußte Konzentration zu aktivieren, brauchen wir wie im Sport einen Startschuß, beispielsweise bei einer zu haltenden Rede die Konzentration auf die Einleitung. Nach solch einer bewußten Zündung sollte das Unterbewußtsein allein weiterarbeiten.

"Konzentration ist die Verdichtung von Lebensenergie." Eine der wichtigsten Aufgaben unseres Körpers ist die Produktion von Energie. Dreimal täglich essen wir und achtmal in der Minute atmen wir. Durch Sauerstoff wird der Verbrennungsprozeß ermöglicht und Energie wird frei - Lebensenergie. Das ist auch ein Grund, warum die Atemtechnik in unserem Erfolgssystem eine große Rolle spielt. Wenn wir die physikalischen Vorgänge im Körper verstehen, begreifen wir auch, daß der normale Mensch über genügend Kraft verfügt.

Worin besteht der Unterschied zwischen Konzentration und Nervosität? Der nervöse Mensch verbraucht seine permanent produzierte Energie sofort wieder durch Hektik und sprunghaftes Verhalten. Die konzentrierte Persönlichkeit dagegen ist ein Mensch, der gelernt hat, seine Energie zu speichern und sie nur dann zu verbrauchen, wenn es sinnvoll ist. Hier liegt auch das Geheimnis der Meditation. Durch eine fast bewegungslose Haltung und ruhiges und tiefes Atmen verbraucht der Körper kaum Energie, die Nervenbatterie lädt sich auf. Aus diesem Grunde sollten wir zwei Dinge trainieren:

1. Unser Körper sollte eine überschäumende Vitalität produzieren.
2. Wir müssen lernen, unsere Nervenbatterie regelmäßig aufzuladen und die Kraft dann zu verbrauchen, wenn es sinnvoll ist.


## 8. Grundgesetz: Intuition statt Intellekt

Wenden wir unsere Konzentration dem 8. Grundgesetz zu: "Im Streit zwischen Gefühl und Intellekt siegt immer das Gefühl."

Fast die ganze Erziehung richtet sich seit der Zeit der Aufklärung am Intellekt aus; in keinem anderen Kulturkreis wird der Intellekt so überschätzt wie in unserem. Nur wenige haben die Erkenntnisse von George Bernard Shaw wahrgenommen: "Es ist das Gefühl, das den Intellekt entzündet, und nicht der Intellekt, der das Gefühl entfacht. "

Der Mensch ist noch nicht das vernünftige Wesen, das er vielleicht einmal werden kann. Die Gefühle lenken unser Verhalten. Die besten Argumente helfen nicht im Gespräch mit dem Partner, dem Chef oder den Kindern. Eine Ware kann noch so preiswert sein, wenn das Gefühl dagegen ist, entscheiden Sie sich nicht zum Kauf.

Die Werbung zielt auf Gefühle. Während die Werbung immer emotionaler wird, glauben wir Menschen immer rationeller, logischer werden zu müssen. Doch sprechen wir mit unseren Gefühlen die rechte Gehirnhälfte an, die Hälfte, mit der wir die Entscheidung treffen, was wir tun oder lassen. Hoffentlich sind wir klug genug, zu erkennen, daß wir lernen sollten, unsere positiven Gefühle zu zeigen und auszudrücken.

## 9. Grundgesetz: Durch Liebe erfolgreich

Das 9. Grundgesetz der Lebensentfaltung hilft uns, die tiefenpsychologischen Vorgänge besser zu verstehen: "Gefühle lenken und verstärken die Konzentration unbewußt, aber nachdrücklich."

Liebe und auch Haß sind intensive Gefühle. Gefühle lenken unsere Aufmerksamkeit. Wenn Sie einen Menschen lieben, denken Sie ständig ganz automatisch an ihn. Diese unbewußte Konzentration verbraucht kaum Energie. Wer sich aber zwingen muß, an etwas zu denken, verbraucht seine Reserven und ist bald erschöpft.

Liebe ist daher die Hauptursache aller großen Erfolge. Wo Liebe im Spiel ist, stellt sich die Kreativität von selbst ein, immer bessere Gedanken und Lösungen entstehen. Positive Gefühle beflügeln, geben den Schwung zum Außergewöhnlichen.

Mark Twain schrieb: "Je mehr ein Mensch seinen Beruf liebt, um so mehr wird er verdienen." Ein Mensch, der seine Arbeit und seinen Partner ablehnt, muß krank werden.

Daher ist mein Hauptanliegen in dem Seminar "Der erfolgreiche Weg", daß jeder Teilnehmer eine Lebensfreiheit erreicht, die gewährleistet, daß er das, was er tut, macht, weil er es selbst will. Haben Sie den Mut, Ihren Gefühlen zu folgen!


## 10. Grundgesetz: "Vernetzt" denken

Für Ihren Erfolg kann das 10. Grundgesetz der Lebensentfaltung besonders wichtig sein: "Durch eine gezielte Entscheidung kann die Aufmerksamkeit auf jeden ausgewählten Punkt gelenkt werden."

Auch das Größte entstand aus dem Kleinsten. Es ist möglich, alles zur Entfaltung zu bringen, jedes Talent, jeden Muskel, jede Fähigkeit, jede Sprache, jedes Unternehmen. Der Mißerfolg und die Energieverschwendung kommen aus der Vielseitigkeit, aus der Zerstreuung.

Aristoteles sagte einmal: "Gebt mir einen Punkt und ich werde die Welt aus ihren Angeln heben."

Wir Menschen am Ende des 20. Jahrhunderts wollen alles anders und bewegen doch so wenig. Viele Menschen versuchen alles, doch ihre Lebenssituation verschlechtert sich zunehmend.

Wir sollten erkennen, daß alles miteinander zusammenhängt und daher "vernetzt" denken und wissen: Wenn es uns gelingt, einen Punkt zu verändern, so hat das Einfluß auf das Ganze. Wir können auch hier Kraft und Energie sparen, können uns vor Mißerfolgen bewahren.

An welchem Punkt setzt man an? Die Grundgesetze der Lebensentfaltung gelten auf allen Ebenen: bei der Menschenführung, in der Unternehmensentwicklung oder in der Kunst.

Die nachfolgenden positiven Beispiele sollen Sie inspirieren, auch Ihren Ansatzpunkten zu suchen und zu trainieren:

- Latein wird zu meinem Lieblingsfach. (Es kann Wochen und Monate dauern, bis der Erfolg kommt - aber dann produziert dieser Erfolg weitere Erfolge.)
- Meine Nieren werden immer besser durchblutet.
- Mein Namensgedächtnis wird immer besser.
- Ich lerne, immer wirksamer zu motivieren.
- Ich werde die Nr. 1 auf dem ... Gebiet.
- Ich finde den idealen Standort.

Nachdem Sie eine Entscheidung getroffen haben, sollten Sie Ihre Aufmerksamkeit immer wieder nur auf diesen einen Punkt richten. Je mehr Sie sich auf Ihren positiven Punkt konzentrieren, um so mehr schwinden alle negativen Punkte und auch der kleinste positive Ansatz gelangt zur Entfaltung.

## 11. Grundgesetz: Positive Menschenführung

Das 11. Grundgesetz hat den Wortlaut: "Beachtung bringt Verstärkung, Nichtbeachtung bringt Befreiung."

Beachtung ist Liebe, ist unbewußte Konzentration, ist Energie. Alles, was wir beachten, wächst, das Positive und auch das Negative. Der Erfolg beginnt immer mit der Beachtung des Erfolges, der Mißerfolg beginnt mit der Beachtung und dem Warten auf den Mißerfolg.

Hier liegt der Schlüssel zur positiven Menschenführung. Wer die Fehler eines Menschen beachtet, verstärkt sie. Wenn einem Stotterer gesagt wird, er brauche nicht zu stottern, wird er um so intensiver stottern. Einen Menschen auf seinen roten Kopf anzusprechen, wird dessen Rötung noch verstärken.

Alles lebt aus der Beachtung. Wir haben nur deshalb unsere Fehler, weil wir sie immer wieder beachten. Könnten wir sie vergessen, würden wir unsere Fehler verlieren; aber wir hängen mit einer solchen Leidenschaft an ihnen, daß nur wenige Menschen bereit sind, sie zu vergessen, sich auf das Positive, auf ihre Stärken, zu konzentrieren.

Befreien Sie sich und andere von Ihren kleinen Schwächen, lernen Sie, positiv zu formulieren, und es wird Ihnen von Tag zu Tag und in jeder Beziehung besser gehen. Zwei kleine Beispiele, die die Wirksamkeit dieses Gesetzes verdeutlichen:

1. Ein Junge hatte eine absolut unleserliche Handschrift. Die Eltern hatten im Guten und im Bösen versucht, seine Handschrift zu verbessern, aber leider ohne Erfolg. In der Schulklasse gab es einen Lehrerwechsel. Der neue Lehrer war ein großartiger Pädagoge. Die Kinder mußten einen Aufsatz schreiben, der unseres Schülers war kaum zu lesen. Der Lehrer zensierte diese Arbeit nicht, schrieb aber deutlich und mit roter Tinte darunter: "Ich habe bemerkt, du hast dir sehr große Mühe gegeben." Dieser Lehrer war der erste Mensch, der seine Mühe beachtet hatte, und im Laufe eines Vierteljahres besserte sich die Handschrift des Jungen sichtbar.

2. Der Zustand eines herzkranken Mannes, der dem Tode mehrmals nahe gewesen war und der bereits einige Operationen hinter sich hatte, hatte sich nicht gebessert. Er wagte einen letzten Versuch bei einem Heilpraktiker. Dieser nahm sich viel

Zeit, untersuchte den Herzpatienten sehr gründlich, dann machte er ein sorgenvolles Gesicht. "Ihr Herz", sagte er, "ist nicht in Ordnung, aber warum hat Ihnen noch niemand gesagt, daß die Gefahr für Ihr Leben nicht vom Herzen, sondern von Ihrer Leber kommt? Haben Sie noch genügend Mut für eine Lebertherapie?" So begann eine intensive Lebertherapie. Von früh bis spät dachte der Patient an seine Leber. Durch die Umschaltung seines Denkens vom Herzen auf die Leber kam endlich das Herz zur Ruhe.

Befreien wir uns von dem Negativen. Das positive Leben beginnt in dem Augenblick, in dem Sie sich weigern, über das Negative zu sprechen. Reden Sie über Ihre Wünsche, Ihre Ziele, Ihre Träume, Ihre Hoffnungen, Ihre Chancen, Ihre Möglichkeiten, sprechen Sie mit sich und anderen über die Zukunft, über die Dinge, die Wirklichkeit werden sollen. "Im Anfang war das Wort" - das erfolgreiche Leben beginnt mit der Fähigkeit, erfolgreich zu sprechen.

## 12. Grundgesetz: Aktivierung der Energie

Das 12. Grundgesetz lautet: "Zustimmung aktiviert Kräfte - Ablehnung vernichtet Lebenskraft."

Überall ist der Kampf von anziehenden und abstoßenden Kräften zu erleben. Magnete z.B. ziehen sich entweder an oder sie stoßen einander mit aller Kraft ab. Zustimmung läßt die Kräfte in aufbauende Kanäle strömen, aktiviert und fördert das positive Wachstum auf allen Ebenen des Lebens: in der Gesundheit, in der Charakterbildung, in der Partnerschaft, im Unternehmen, in der Wirtschaft. Ablehnung bewirkt dagegen die Zerstörung aller Lebensvorgänge.

Da der Erfolg immer das Ergebnis unseres Verhaltens ist, hat unser Gehirn drei Möglichkeiten der Reaktion: negativ - neutral - positiv. Wir haben theoretisch viele unterschiedliche Verhaltensmöglichkeiten, es gibt aber auch Menschen, die selbst an sonnigen Tagen negativ reagieren. Man kann in negativen Situationen zwar negativ reagieren, aber der Meister der Lebenskunst hat gelernt, selbst in solchen Situationen positiv zu reagieren. Ablehnung, noch so geschickt vorgebracht, zerstört die lebenserhaltenden Kräfte. Hier liegt der Anfang vieler Mißerfolge.

Diese tiefenpsychologischen Prozesse intellektuell zu verstehen ist einfach, sie jedoch im täglichen Leben zu praktizieren ist ungleich schwerer. Meist ist es einfacher, andere zu beobachten als sich selbst. Wer von Ihren Bekannten reagiert positiv, wer eher negativ?

In unserem Rhetorik-Seminar, Stufe 2, trainieren wir dieses Verhalten. Zunächst üben wir die "Fürreden". Wir sind für etwas, z.B. für einen Urlaub an der Nordsee. Das ist noch leicht, anschließend trainieren wir die "Gegenrede". Wir sind also gegen einen Urlaub an der Nordsee. Jetzt erleben alle Seminarteilnehmer, wer für etwas ist, ist der Stärkere, hat es leicht, ist beliebt. Wer gegen etwas ist, ist stets der Schwächere, der Nörgler, der Unsympathische.

Die positive Konsequenz ist, in Zukunft nicht mehr gegen etwas zu sein, sondern stets für etwas. Diese positive Rhetorik-Kunst kann man trainieren. Das positive Leben beginnt mit der Kunst, erfolgreich zu sprechen. Erfolgreiches Sprechen setzt immer erfolgreiches Denken voraus. Positives Denken allein genügt nicht.

## 13. Grundgesetz: Wer an seine Zukunft glaubt, gewinnt die Gegenwart

Der Wortlaut des 13. Grundgesetzes der Lebensentfaltung ist: "Die ständige Wiederholung einer Idee wird erst zum Glauben, dann zur Überzeugung (auch in negativer Hinsicht)."

In einem Zitat heißt es: "Der Glaube versetzt Berge" - nicht der Intellekt. Warum streben wir dann nach intellektueller Überlegenheit? Es gibt genügend Intellektuelle, die auf allen Gebieten mitreden können, aber im täglichen Leben ohnmächtig sind. Die Welt braucht jedoch viele tüchtige und fähige Menschen. Die Welt verändert sich durch Taten. Doch vor jeder Aktion steht der Glaube. Auch ist eine Vision, ein Plan nötig, doch erst der Glaube bringt den Menschen zum Handeln.

Wenn der Glaube Berge versetzen kann, dann auch im negativen Sinne. Die sich selbst erfüllenden Prophezeiungen gibt es auch in negativen Bereichen. Es gibt positive und negative Kettenreaktionen. Der Unglaube führt zu Zweifel, zu Angst, zu Pessimismus, zu Depressionen. Depressionen sind auf die Spitze getriebener Pessimismus. Es ist erschreckend, wie viele Menschen in unserer Gesellschaft zwischen Pessimismus und Depressionen schwanken.

Jeder Mensch sollte lernen, wie man Pessimismus in Optimismus verwandelt. Optimismus, Zuversicht, Hoffnung, Glaube - all diese Begriffe entsprechen den positiv aufbauenden Stimmungslagen. Diese Geisteshaltung führt vom Versagen zum Erfolg.

"Wer an seine Zukunft glaubt, gewinnt die Gegenwart", ein Mensch, der noch glauben kann, verwandelt sich von einer Person zu einer Persönlichkeit. Er hat eine andere Körperhaltung, einen anderen Gang, ein anderes Lächeln, einen anderen Händedruck und einen anderen Blick. Er hat Charisma. Diese Geisteshaltung hat nicht nur Wirkung nach außen, sondern auch nach innen. Streß wird schneller abgebaut, die Muskeln sind locker und entspannt, der Magen arbeitet harmonisch, das Herz schlägt zuverlässig, das Gedächtnis ist o.k. und der Mensch sprudelt vor Einfällen.

Eine Persönlichkeit, die vom Glauben erfüllt ist, kann sich und andere motivieren. Optimisten ziehen Optimisten an. Menschen mit optimistischer Einstellung sind kontaktfreudiger, haben mehr Freunde, können vergeben, vergessen und verzeihen, das wirkt sich positiv in der Partnerschaft oder auch bei der Kindererziehung aus.

Auch in der Wirtschaft werden nicht nur Menschen mit Begabung und Talent gebraucht, sondern auch Menschen mit Optimismus und Energie. Unternehmer können diese positive Einstellung bei der Auswahl des Personals nutzen. Der Glaube an den Erfolg mobilisiert schöpferische Energie. Gerade bei Berufen mit hohen

Ausbildungskosten ist der Optimismus wichtig, denn eine negative Einstellung vermindert die Ausdauer und verursacht eine sehr hohe Fluktuation. Auch erzielen Optimisten eine höhere Produktivität, eine größere Zufriedenheit und ein besseres Betriebsklima. Weiter verlieren sie bei Niederlagen nicht ihre Initiative.

Nun bleibt die Frage offen, wie man den Glauben bekommt, der einem hilft, Berge zu versetzen. "Die ständige Wiederholung einer Idee erst wird zum Glauben", heißt es im 13. Grundgesetz der Lebensentfaltung. Allein durch Wiederholung verändern sich unsere Verhaltensmuster. Durch Wiederholung wird das Schwerste leicht.

Das Stigma unserer Zeit ist die Reizüberflutung. Wir sind an allem interessiert, Wiederholungen sind uns zuwider. In der Werbung jedoch haben wir es mit ständigen Wiederholungen in den Slogans zu tun. Untersuchungen an amerikanischen Universitäten haben gezeigt, daß der Erinnerungswert um so höher ist, je häufiger etwas gesagt wird.

Der französische Politiker Mendés-France sagte einmal: "Wir haben nur zwei Möglichkeiten, entweder einzugestehen, ich habe mich geirrt, oder eine Idee so lange zu wiederholen, bis sie Wirklichkeit geworden ist." Als erster wandte wohl der Römer Cicero das 13. Grundgesetz in seinen Reden an. Er wiederholte so häufig den Satz: "Und außerdem bin ich der Ansicht, daß Karthago zerstört werden muß", bis Karthago in Trümmern lag. Auch Kolumbus, Wagner, Schliemann und viele andere wiederholten ihre Visionen und blieben ihnen treu, bis sie sie verwirklichen konnten.

## 14. Grundgesetz: Auf dem Weg zur Genialität

Das 14. Grundgesetz der Lebensentfaltung ist das Gesetz der Genialität: "Glaube führt zur Tat, Konzentration führt zum Erfolg, Wiederholung führt zur Meisterschaft."

Alles ist in uns. Jeder könnte auf seinem Gebiet ein Genie sein. Denn wir sind begabter und talentierter, als wir glauben. Aber erst der Glaube aktiviert die Kräfte zur Verwirklichung dieser Behauptung.

Jedes Talent entfaltet sich nur durch Bestätigung, seien es Künstler, Sportler oder Manager. Erst der Glaube gibt die Kraft zum Training, zum Wiederholen. Konzentration führt zum Erfolg, und jeder Mensch kann seine Ziele erreichen, wenn er sie genau kennt und sich darauf konzentrieren kann.

Viele Seminarteilnehmer sind erstaunt, wenn sie erfahren, daß die Grundgesetze der Lebensentfaltung schon viele Jahrhunderte alt sind. Und vielleicht war nicht einmal Aristoteles der erste, der formulierte "Gib mir einen Punkt und ich werde die Welt aus ihren Angeln heben."

Das gilt auch für Sie, lieber Leser, liebe Leserin! Je mehr Sie wollen, um so weniger können Sie wiederholen. Je weniger Sie wiederholen, um so schwächer sind Sie oder Ihr Talent. Daher: Versuchen Sie auf einem Gebiet der/die Beste zu werden.

Mit der Konzentration, mit der Spezialisierung beginnt Ihr Aufstieg. Wenn sich dann Ihr größter Wunsch erfüllt, haben sich tausend kleine Wünsche automatisch miterfüllt. Beschränken Sie sich auf das Wichtigste, das ist Konzentration. Haben Sie den Mut, werden Sie einmalig, denn es ist möglich.

Wichtige Punkte, die ich kurzfristig anwenden werde:

1. _____

2. _____

3. _____


Wichtige Änderungen in meiner Lebensführung:

1. _____

2. _____

3. _____


Punkte, die ich im Fernsehen und bei starken Persönlichkeiten beachten werde:

1. _____

2. _____

3. _____


Punkte, die ich in der Diskussion besprechen sollte:

1. _____

2. _____

3. _____

# Teil II

# Unternehmen leben von motivierten Mitarbeitern

**Was erwartet Sie in diesem Kapitel?**

Gabi Böttcher im Gespräch mit Nikolaus Enkelmann zum Sinn von Erfolgs-Seminaren für die Wirtschaft

\* \* \*

*Gabi Böttcher:* Herr Enkelmann - was bedeutet Erfolg?

*Nikolaus Enkelmann:* Erfolg ist ein Grundprinzip, das durch unser Verhalten bestimmt wird. Erfolg zu haben bedeutet, Probleme im weitesten Sinne lösen zu können. Im Mittelpunkt des Erfolgs steht immer der Mensch - mit seinen Fähigkeiten, seiner Kreativität, seiner Energie und seinem Willen, mit seiner Leistung und Begeisterungsfähigkeit.

*Gabi Böttcher:* Sie bieten daher Erfolgs-Seminare für die Wirtschaft an?

*Nikolaus Enkelmann:* Führungskräfte der Wirtschaft, die die Stärken ihrer Mitarbeiter erkennen und fördern, sind der Konkurrenz immer um eine Nasenlänge voraus. Schließlich liegt im Mitarbeiter das größte Potential jedes Unternehmens. Aber nur Mitarbeiter, die persönliche Ziele haben und sich mit den Zielen ihres Unternehmens identifizieren, können ihre Begabungen und Leistungsreserven optimal mobilisieren. Erst das Ziel entfaltet den Menschen.

*Gabi Böttcher:* Glauben Sie, daß aus durchschnittlichen Mitarbeitern erfolgreiche werden können?

*Nikolaus Enkelmann:* Zuerst muß die Frage stehen: Warum ist der Mann oder die Frau durchschnittlich? Wer selbst gehemmt und ängstlich ist, kein Selbstvertrauen besitzt und mit seiner Nervosität andere ansteckt, kann beispielsweise niemals ein guter Verkäufer sein. Solch einem Menschen überträgt man keine Verantwortung. Die Folge: Die Energie wird blockiert, Mißerfolge sind vorprogrammiert. Ein Mitarbeiter, dem man nichts zutraut, traut sich irgendwann auch selbst nichts mehr zu. Seine Motivation ist gleich Null, die Defizite für das Unternehmen sind nicht mehr kalkulierbar. Ich glaube fest daran, daß jeder Mensch eine Begabung, eine besondere Fähigkeit hat und man in jedem Menschen dieses Potential auch aktivieren kann. Es gibt keine unfähigen, nur demotivierte oder blockierte Mitarbeiter.

*Gabi Böttcher:* Was kann man tun, um das Potential zu aktivieren?

*Nikolaus Enkelmann:* Es gibt zwei Wege, die möglichst parallel genommen werden sollten: Der eine geht über die Führungskräfte, der andere über die Mitarbeiter selbst. Zum einen ist es wichtig, daß die Geschäftsführung sich über ihre Vorbildfunktion im klaren ist. Wer glaubt, nur mit Hilfe von Druckmitteln seine Führungsaufgabe erfüllen zu können, darf sich nicht wundern, wenn er leistungsunfähige oder -unwillige Mitarbeiter hat. Nur wer selbst begeistert ist, kann auch andere begeistern. Jeder beeinflußt jeden. Wenn sich ein Vorgesetzter engagierte, begeisterte und erfolgsorientierte Mitarbeiter wünscht, die sich voll und ganz mit den unternehmerischen Zielen identifizieren, muß er sich darüber bewußt sein, daß er selbst in seinem Denken und Handeln Vorbild ist. Und er muß eine Führungspersönlichkeit sein. Dabei spielt die fachliche Kompetenz keine größere Rolle als die Persönlichkeitskompetenz.

*Gabi Böttcher:* Welche Merkmale zeichnen die ideale Führungspersönlichkeit aus?

*Nikolaus Enkelmann:* Der ideale Manager spricht nicht allein den Intellekt des Mitarbeiters an, sondern das Gefühl. Motivation, Begeisterung kommt aus dem Unterbewußtsein und wird nicht vom Intellekt gesteuert.

*Gabi Böttcher:* Wo liegt der Schwerpunkt Ihrer Erfolgs-Seminare?

*Nikolaus Enkelmann:* Zunächst geht es in den Seminaren darum, die intuitiven Fähigkeiten der Führungskräfte zu aktivieren. Dieser Prozeß findet über die Entspannung und die systematische Suggestion und Autosuggestion statt. In der Entspannung ist das Unterbewußtsein formbar wie Wachs, und jede Information, also jede Suggestion oder Autosuggestion, erreicht die tiefsten Schichten unseres Gedächtnisses, wo sie sich fest verankert und immer wieder abgerufen werden kann. Da der Mensch als Ganzheit von Körper, Seele und Geist gesehen werden muß, ist es eines meiner Hauptziele, die rechte, die emotionale Seite des Gehirns, den Sitz von Kreativität und ganzheitlicher Wahrnehmung, von Gefühl und Phantasie anzusprechen. Wer seine unterbewußten Kräfte nutzt, kann aus dem vollen Potential seiner Persönlichkeit schöpfen. Er handelt instinktiv richtig im Umgang mit Menschen, weil er sich gefühlsmäßig auf sie einstellt. Er ist darauf programmiert, andere positiv zu beeinflussen. Solche Menschen bezeichnet man allgemein auch als "charismatisch".

*Gabi Böttcher:* Und was bewirkt das Mitarbeiter-Training?

*Nikolaus Enkelmann:* Was für Führungskräfte gilt, gilt auch für die Mitarbeiter. Alles, was wir können, können wir nur, weil wir es irgendwann einmal gelernt haben. Der Mensch kann alles lernen, was er will. Einer unserer zentralen Suggestiv-Sätze "Ich kann, was ich will" ist deshalb keine Floskel. Wer bereit ist zu lernen, sich Ziele zu setzen, und wer den Willen hat, diese Ziele zu erreichen, der kann im Leben alles realisieren. Nur wer sich selbst Grenzen setzt, stößt ständig an seine Grenzen.

*Gabi Böttcher:* Sie bieten unterschiedliche Seminare für die Wirtschaft an?

*Nikolaus Enkelmann:* Zum einen gibt es Motivations-Seminare für Führungskräfte und Mitarbeiter. Hier geht es um die Entfaltung der Persönlichkeit und die Stärkung des Erfolgswillens. An diesen Seminaren können bis zu 500 Personen teilnehmen. Rhetorik-Seminare haben sich zu einem Renner bei Wirtschaftsunternehmen entwickelt. Rhetorik für Führungskräfte schult hauptsächlich die Suggestivwirkung auf Mitarbeiter, die Begeisterungsfähigkeit und Vorbildfunktion zum Beispiel. Bei Verkaufs-Rhetorik geht es in erster Linie um Verkaufspsychologie, Überzeugungskraft und Verkaufstechniken, während die Präsentations-Rhetorik im wesentlichen die überzeugende Präsentation von Ideen, Konzeptionen und Produkten vermittelt. Bei den Rhetorik-Seminaren ist die Teilnehmerzahl auf 15 Personen begrenzt. Daneben bieten wir spezielle Seminare für Sekretärinnen an, die häufig Schlüsselfunktionen zwischen Chef, Mitarbeitern und Kunden innehaben und von daher ganz besondere Fähigkeiten wie Menschenkenntnis, Belastbarkeit oder Organisationstalent benötigen. Daneben besteht natürlich die Möglichkeit, nach speziellen Firmenbelangen und Zielsetzungen zu ganz bestimmten Themen individuell Seminare und Vorträge zu veranstalten.

*Gabi Böttcher:* Wie prüfen Sie den Erfolg, den Ihre Seminare bewirken, Stichwort "Erfolgs-Controlling"?

132

*Nikolaus Enkelmann:* Zum einen erhalten das Institut und ich viele persönliche Danksagungen einzelner Teilnehmer der Seminare mit dem Tenor, daß sie durch mehr Selbstvertrauen mehr Spaß und Erfolg an ihrem Arbeitsplatz haben. Auch aus den Führungsebenen der Firmen erreichen uns positive Resonanz sowie themenbezogene Sachfragen, die über das im Seminar Vermittelte hinausgehen. Weiterhin bestätigt der stetige Zulauf zu unseren Seminaren den Erfolg des Instituts. Jeder Teilnehmer muß letztlich für sich selbst entscheiden, welche Schlüsse er oder sie aus dem Erlebten zieht.

# Der Weg zur Nummer 1

## Dr. Reinfried Pohl, Chef der Deutschen Vermögensberatung

*Dr. Reinfried Pohl, Chef der Deutschen Vermögensberatung*

**Was erwartet Sie in diesem Kapitel?**

Ein Erfolgscharakter: Dr. Reinfried Pohl

Familiäres Vorbild im Betrieb

Schwerpunkt: Beruf und Mitarbeiterführung

"Mein Erfolgsweg war von Anfang an gepflastert mit Hindernissen und Widerständen", sagt Dr. Reinfried Pohl nachdenklich. Ohne die Bereitschaft und auch die Fähigkeit, Widerstände nicht als unüberwindliches Hindernis hinzunehmen, sondern als Herausforderung, wäre der Chef der Deutschen Vermögensberatung AG (DVAG) nach eigenem Bekunden niemals zu dem geworden, der er heute ist: die Nummer 1 im Allfinanz-Bereich - und zwar europaweit. 1991 wurde er vom Wirtschaftsmagazin "Cash" zum "Manager des Jahrzehnts" gekürt, als Anerkennung für seine Leistungen, aber auch für seine beispielhafte Art, Mitarbeiter zu führen und zu motivieren.

Eigentlich ist Dr. Pohl kein Mann, der Wert auf Auszeichnungen legt. Ihm kommt es nicht auf Publicity an, sondern ganz schlicht - auf Erfolg im Dienste seines Unternehmens, seiner Kunden und seiner Mitarbeiter. Sein Lebenswerk, die DVAG, ist für ihn eine große Familie - neben seiner privaten Familie, versteht sich. Der stets auf Harmonie bedachte Erfolgsmensch hat allen Grund, stolz auf seine beiden Familien zu sein. Er ist glücklich verheiratet, und seine beiden Söhne Reinfried jr. und Andreas waren sich schon im jugendlichen Alter ganz sicher, daß sie in die Fußstapfen des Vaters treten würden. Heute sind die Brüder Junior-Chefs bei der DVAG - und der Vater ist immer noch das Vorbild.

Erfolg - das war und ist für Dr. Reinfried Pohl nie allein eine Sache von Umsatzzahlen gewesen. Natürlich läßt sich Erfolg zunächst einmal an äußeren Daten ablesen. Doch der Erfolg der Deutschen Vermögensberatung AG ist für ihn in erster Linie das

Ergebnis einer Gemeinschaftsleistung, an der jeder einzelne seiner Mitarbeiter beteiligt ist. Der Mensch steht für Dr. Pohl im Mittelpunkt - und stand es bereits, als ihm vor über 15 Jahren die Idee zu einem völlig neuen Unternehmenskonzept kam, die zur Gründung der DVAG führte. Dahinter steckte die solide Erfahrung einer langjährigen Tätigkeit im Versicherungs- und Finanzdienstleistungswesen, die ihn auf den Gedanken gebracht hatte, dem potentiellen Kunden eine möglichst breite Palette von Produkten, von der klassischen Lebensversicherung über Aktien-, Renten- und Immobilienfonds bis hin zur Baufinanzierung anzubieten, um entsprechend dessen individuelle Bedürfnisse zu einer Vermögensbildung zu kommen. Die Konzeption der Allfinanzidee führte zu einem neuen Beruf: dem Vermögensberater.

Von Anfang an war es für den promovierten Juristen Pohl wichtig, die Berufsbezeichnung auch mit Inhalten zu füllen. Der Vermögensberater sollte sich vom klassichen Versicherungsvertreter vor allem dadurch abheben, daß neben der Angebotsvielfalt Sachkompetenz und Aufrichtigkeit im Vordergrund stehen sollten und das Vertrauen der Kunden das höchste Ziel war. Das Image des Versicherungsvertreters war ihm zu negativ besetzt - und das, obwohl heute kein Mensch mehr ohne Versicherungen auskommt und die Gesellschaften selbst zu anerkannten Leistungsträgern zählen. Dr. Pohl wollte ein positives Berufsbild entwerfen, das von der Bezeichnung und auch von der Dienstleistung her Vertrauen schafft. Ihm ging es darum, auch den Menschen, der etwas Sinnvolles, ja sogar etwas Unverzichtbares verkauft, in seiner Bedeutung aufzuwerten. Diese Idee war die Geburtsstunde des Berufes "Vermögensberater".

"Es gibt viele Wege zum Erfolg", sagt Dr. Pohl. "Und am Anfang jedes Erfolges steht immer die Idee." Was man im nachhinein daraus mache - das hänge vom Markt ab, von der Persönlichkeit des Firmengründers und nicht zuletzt von der Qualität der Mitarbeiter. Er vergißt niemals zu erwähnen, daß es hervorragende Leute waren, die die Deutsche Vermögensberatung mit nach oben gebracht haben. Gerade auf dem sensiblen Gebiet der Kapitalanlagen komme es ganz elementar auf Mitarbeiter-Persönlichkeiten an

- und ganz besonders bei einer "Betreuungsgesellschaft", wie Dr. Pohl die DVAG sieht. Das heißt: Jeder Kunde wird in allen Bereichen von einem festen Berater betreut. Die Berater stehen ebenfalls in Verbindung untereinander. "Ich sehe mich durchaus als jemanden, der Dienstleistungen bringt", sagt Reinfried Pohl. "Und das sowohl meinen Mitarbeitern als auch unseren Kunden gegenüber."

Die menschliche Komponente ist schließlich die wichtigste Komponente bei der Vertrauensbildung. Kein Wunder, daß das Vermögensberatungskonzept von der Konkurrenz argwöhnisch beobachtet wurde - und zur Konkurrenz gehört alles, was sich im weitesten Sinne mit Kapitalanlage befaßt, also nicht nur Versicherungen, sondern auch Banken und Sparkassen. Mit einer gewissen Genugtuung beobachtet Dr. Pohl den neuen Trend der alles umfassenden Vermögensbildung auch bei den Banken, die sein Konzept in der Anfangsphase noch vehement kritisiert und abqualifiziert hatten. Dabei hat sich der weitsichtige Manager selbst niemals als Vorreiter eines Modetrends gesehen. Es kam ihm damals einfach nur vernünftig und praxisbezogen vor, alles unter einen Hut zu bringen. Daß er im nachhinein die Bestätigung für die Solidität seines Konzeptes erhält, nimmt er mit einem lachenden und einem weinenden Auge zur Kenntnis: "Es war ein harter Weg, die Nummer 1 zu werden, aber jetzt kommt es darauf an, auch die Nummer 1 zu bleiben." Und die Konkurrenz schläft nicht. Doch da sieht Dr. Pohl schon wieder das Positive an der Herausforderung: "Ich habe einfach mehr Spaß daran, einen starken Gegner zu besiegen als einen schwachen."

Allerdings verfügt er über ein - man kann ruhig sagen konkurrenzloses - Potential an hochqualifizierten und -motivierten Mitarbeitern. Im Vergleich zu vielen anderen Unternehmen hat er schon früh erkannt, daß die bei einer Allfinanz-Gesellschaft notwendige hervorragende Ausbildung nicht allein auf das Fachwissen beschränkt sein sollte. Persönlichkeitsbildungs- und Rhetorik-Seminare in firmeneigenen Schulungszentren waren bei der DVAG von Anfang an Bestandteil der Ausbildung. Wer in einem so phantastischen Ambiente wie dem Burghotel Dinklage, dem Märchenschloß Oberstotzingen oder in den Ausbildungszentren in Pannonia und an der Algarve-Küste ausgebildet wird, hat allen Grund dazu, sich als etwas Besonderes zu fühlen. Und genau das will Dr. Pohl auch erreichen: Vermögensberater - das ist etwas Positives und zu Recht ein Beruf, auf den man stolz sein kann. Er will selbstbewußte, leistungsfähige Mitarbeiter, Persönlichkeiten statt Leute mit "Klinkenputzer"-Mentalität.

Seine Gesellschaft kann es sich erlauben, mit dem Slogan "Wir bieten mehr als Provisionen" die potentiellen Mitarbeiter anzusprechen und sich damit von der Konkurrenz abzuheben. Tatsächlich sind die Provisionssätze für die Mitarbeiter nicht die höchsten in der Branche.

Es sind andere Faktoren, die die "guten Leute" zur DVAG ziehen. Der wichtigste Punkt: Leistung wird nicht nur anerkannt, sondern honoriert. Die Besten werden Jahr für Jahr auf den Deutschlandtreffen ausgezeichnet, der Großveranstaltung, die mit professionellem Unterhaltungs-Programm einmal im Jahr das unvergeßliche Ereignis der Sieger-Prämierung bietet. Das Prinzip: Die Erfolgreichen erhalten öffentliche Anerkennung, die weniger Erfolgreichen werden motiviert, beim nächstenmal im Rampenlicht zu stehen. Wertvolle Prämien warten auf wertvolle Mitarbeiter: von Autos oder goldenen Uhren über Folgeprovisionen und Reisen in alle Welt bis hin zu einem Familienabsicherungsplan und beispielhafter Alters- und Invaliditätsversorgung. Am begehrtesten aber ist der Sieger-Adler, der in Gold, Silber oder Bronze den jeweils sechs besten Direktionsleitern, Regionaldirektionsleitern und Geschäftsstellenleitern verliehen wird. Der hohe ideelle Wert dieser Trophäe ist die Ursache dafür, daß jeder sie haben möchte. Der Adler symbolisiert: Ich habe es geschafft, ich bin auf dem Weg zur Nummer 1. Denn was Dr. Pohl erreicht hat, vermittelt er auch seinen Mitarbeitern: Jeder hat bei uns die Chance, die Nummer 1 zu werden. Der Weg nach oben ist nicht einfach, aber er ist gepflastert mit Anerkennungen, mit Aufstiegsmöglichkeiten, die so motivierend sind, daß es wohl keinen bei der DVAG geben dürfte, der dieses Ziel nicht anstrebt.

Einer für alle - alle für einen. Bei der DVAG ist dieser Satz alltägliche Realität. Dr. Pohl ist zu 100 Prozent für seine Mitarbeiter da, jeder kann zu ihm kommen, und jeder fühlt sich als respektierter Teil einer großen Familie in ihrer ursprünglichsten Form.

Reinfried Pohls Weg zur Nummer 1, das sieht er ganz realistisch, ist ein Weg, den er nicht alleine, sondern zusammen mit einer Reihe hochmotivierter Menschen gegangen ist. Er weiß, daß jedes Unternehmen so gut ist wie seine Mitarbeiter. Die freiberufliche Tätigkeit des Vermögensberaters ermöglicht zwar ein überdurchschnittlich hohes Einkommen - die soziale Sicherheit eines Angestelltenverhältnisses fällt jedoch weg. Weil die Familie bei der physisch und psychisch sehr aufreibenden und zeitintensiven Arbeit jedoch eine wichtige unterstützende Funktion hat, ist die soziale Absicherung, die mit jeder außergewöhnlichen Leistung noch aufgestockt werden kann, ein bedeutender Motivationsfaktor - auch für die Angehörigen.

Im übrigen werden zum alljährlichen Deutschlandtreffen die Ehegattinnen und -gatten ebenfalls eingeladen. Auch diese Geste untermauert die Gemeinschaftsidee Dr. Pohls. "Ohne Familien geht nichts", sagt er. Deshalb will er die Familien für die Gesellschaft gewinnen, denn wenn die Familie gegen den Vermögensberater arbeitet, stellt dies mit eines der größten Hindernisse auf dem Weg zum Erfolg dar. Weiterer Bestandteil der Gemeinschaftsidee ist, daß sich auch die Angehörigen als Teil dieser Gemeinschaft betrachten, ein Ideal, daß er mit seiner Familie vorlebt.

Sein familiäres Vorbild hat seiner Meinung nach auch einen vertrauensbildenden Aspekt. "Meine Mitarbeiter wissen, daß ich meine Entscheidungen verantwortungsbewußt treffe, weil ich mein Lebenswerk meinen Söhnen übergeben werde. Schon deshalb würde niemand von mir eine spekulative oder unseriöse Handlungsweise erwarten - und das zu Recht", begründet er das Vertrauen seiner Mitarbeiter und auch seiner Partner in seine Führung. Vertrauen und Selbstvertrauen sind für ihn die elementaren Mittel zum Überwinden von Widerständen. Reinfried Pohl: "Wo Tauben sind, fliegen Tauben zu." Womit er sagen will: Der Erfolg kommt zu einem Erfolgscharakter. Deshalb haben ihn auch Mißerfolge nie lange gequält. "Wenn man weiß, daß man alles schaffen kann, dann hat es eine durchaus immunisierende Wirkung gegenüber Hindernissen", sagt er. An jedem gelösten Problem wachse das Selbstbewußtsein, schrumpfen die Selbstzweifel. Schon deshalb hat er angebliche Mißerfolge im nachhinein oft als Erfolge gewertet, weil sie in ihm die Kraft für die nächste Herausforderung mobilisiert haben. Dieser Zwang zum Weitermachen wird dadurch wesentlich erleichtert, daß man aufgrund seiner Erfahrung weiß, daß man jedes Hindernis, jeden Widerstand überwinden kann.

Die Energie, die ständig von ihm gefordert wird, holt sich Reinfried Pohl aus seiner Verantwortung für die Menschen in seinem Umfeld, für die Familie, die Mitarbeiter, die Partner und die Kunden. Auch das macht wohl einen Erfolgscharakter aus: Motivation holt er sich aus seiner Verantwortung für andere.

Und weil er außerdem noch Praktiker ist, sieht er einen großen Vorteil darin, daß sein Erfolg meßbar ist. Schon deshalb hat er es nie bereut, daß er nicht die Juristen-Laufbahn eingeschlagen hat. Er hat sich gegen die Sicherheit und für den meßbaren Erfolg entschieden. Natürlich werde auch der Mißerfolg meßbar, aber wer erfahren habe, daß in jedem Mißerfolg auch ein Erfolg liegen könne, kann das gelassen zur Kenntnis nehmen. Er sieht auch zukünftig noch viele Herausforderungen auf sich zukommen. Eine davon heißt Europa, eine andere ist die wachsende Konkurrenz im Allfinanz-Bereich, denn die Nummer 1 möchte er auf jeden Fall bleiben. Dabei sucht Dr. Pohl keineswegs Widerstände, er weiß ganz einfach, daß sie vorhanden sind und überwunden werden müssen. Dieser Tatsache hat er sich zeitlebens gestellt. Das heißt auch, daß man die Hindernisse und Widerstände in seine Pläne einbezieht, bevor man von ihnen überrascht wird. Dieses visionäre Denken macht wohl den entscheidenden Unterschied aus zwischen einem Dr. Pohl, Gründer und Chef der Deutschen Vermögensberatung AG, und vielen Nachahmern, die auf der Strecke geblieben sind. Dr. Pohl abschließend: "Erfolg ist, wenn man eine Entwicklung früher erkannt hat als andere."

Nummer 1 ist eben nicht nur das Ergebnis am Ende eines Weges, Nummer 1 ist man von Anfang an - in der Vision, in der Idee.

# Ziele setzen

## Wolf-Rüdiger Tillmann, Geschäftsführer der Christ AG

*Wolf-Rüdiger Tillmann, Geschäftsführer der Christ AG*

**Was erwartet Sie in diesem Kaptitel?**

Führungsgrundsätze des Hauses Christ

Kreatives Management als Erfolgsvermittler

Mitarbeitermotivation als Grundlage gemeinsamer Erfolge

"Wir führen durch Motivation." Jeder Mitarbeiter des Hauses Christ, Deutschlands größter Juwelier-Kette, kennt diesen Satz. Er ist Bestandteil der Führungsgrundsätze einer Firma, die von der Tradition her der klassisch-konservativen Richtung der Juwelierbranche angehört. Christ gelang es durch ein ausgefeiltes Marketing-Konzept, durch ein innovatives Management und nicht zuletzt durch einen ungewöhnlichen Führungsstil Marktführer zu werden. Das Unternehmen verdankt seinen Erfolg vor allem der Persönlichkeit eines Mannes, der die Firma wie kein anderer geprägt hat: Wolf-Rüdiger Tillmann, Vorsitzender der Geschäftsleitung der Christ GmbH und Mitglied der Christ Holding.

"Christ Juweliere und Uhrmacher" ist die umsatzstärkste und mit über 120 Fachgeschäften die größte Fachgeschäftskette für Schmuck und Uhren in Deutschland. Die gesamte Christ-Gruppe mit den Tochter-Firmen Zaphir, Gold-Meister/Maier, Dugena und Rene Kern verfügt über mehr als 250 Fachgeschäfte und beschäftigt über 3000 Mitarbeiter.

1863 in Frankfurt am Main gegründet, ist Christ eines der traditionsreichsten Unternehmen der Branche. Heute ist die alte Goldschmiedehochburg Hanau Sitz der Zentrale. Man fühlt sich im Hause Christ den Traditionen verbunden, pflegt aber ein eher modernes Image. Dies liegt in erster Linie am Marketing-Konzept, mit dem Geschäftsführer Tillmann zum einen Schwellenängste abbauen und zum anderen eine breite Käuferschicht ansprechen will.

Aus seiner Vorliebe für kreatives Management macht Wolf-Rüdiger Tillmann kein Hehl. In seinen Mitarbeitern sieht er das

142

größte und wichtigste Kapital eines jeden Unternehmens. Für ein Unternehmen gibt es seiner Ansicht nach nichts Besseres als qualifizierte, engagierte und motivierte Mitarbeiter. Diese Einstellung bedeutete ihm immer viel, und sein Einsatz hat sich gelohnt.

Grundlage der Unternehmensphilosophie des Hauses Christ sind Aufgeschlossenheit, Selbstbewußtsein und Unabhängigkeit. Mit Hilfe der Marktforschung wurde die dem Unternehmen entsprechende Zielgruppe erfaßt. "So haben wir erfahren, daß wir die mittleren Einkommensgruppen ansprechen sollen", erklärt Wolf-Rüdiger Tillmann.

Der klassische Juwelier mit dem verstaubt-exklusiven Snob-Ambiente wurde dieser Käufergruppe genausowenig gerecht wie Billig-Modeschmuck-Abteilungen in Kaufhäusern und Ramschläden. Die kontrastreiche Verbindung von Klassik und Moderne erwies sich als äußerst erfolgreich. Christ-Filialen findet man in erstklassigen Einkaufsstraßen und eleganten Shopping-Centern genauso wie in führenden Kaufhäusern. Alle Läden präsentieren sich im einheitlichen "Outfit", chic, jung und unkompliziert: Eine großzügige, helle Schaufenstergestaltung und offen gestaltete Verkaufsräume im modernen Ambiente der 90er Jahre, edle Materialien wie Marmor, Chrom, Spiegel und Glas sowie viel Licht und ein freundliches Grün als dominierende Farbe tragen dazu bei, daß der Kunde sich wohl fühlt und Spaß an seinem Besuch hat.

Beim Sortiment setzt man auf zeitlose Schönheit, edle Qualität und stilvolle Goldschmiedekunst, zum Teil entworfen im eigenen Design-Studio in Frankfurt am Main. Mit einer breiten Angebotspalette von hochmodischem Schmuck zu günstigen Preisen bis zum wertvollen Diamant-Collier und zur Nobel-Uhr wird nahezu jede Käufergruppe angesprochen. Unechten Modeschmuck sucht man allerdings vergeblich. Der typische Christ-Kunde schätzt das Echte, das Unverwechselbare, und so soll es nach Meinung von Wolf-Rüdiger Tillmann auch bleiben. "Jeden Käufer-Typus können und wollen wir auch gar nicht erfassen", findet er. "Wir erreichen mit unserem Konzept aber, so hoffe ich, unsere Zielgruppe." Er definiert den potentiellen Kunden weniger als gediegen-exklusiv, aber auch nicht unbedingt als jugendlich, eher als "jung geblieben". "Das kann auch zum Beispiel eine achtzigjährige Dame mit positiver Lebenseinstellung sein", erklärt er. Die berufstätige, erfolgsorientierte Frau, die weiß, was sie will, aktiv durch's Leben geht - dies sei eigentlich die repräsentative Christ-Kundin.

Fachkundige Beratung wird bei Christ großgeschrieben. Die Kunden sollen nicht zum Kauf, zum Konsum motiviert werden, sondern zuerst einmal dazu, die Läden überhaupt zu betreten, sich umzusehen und beraten zu lassen. Fachkundige Beratung wird bei Christ ganz großgeschrieben. Natürlich sei es schwer, bei der Vielzahl der Fachgeschäfte qualifiziertes Führungspersonal aus der Branche zu bekommen. Tillmann: "Unsere Mindestanforderungen setzen sowohl Verkaufs- als auch Führungserfahrung voraus." Viel Wert wird neben einem gepflegten Äußeren vor allem auf die Hände gelegt. Wenn die wesentlichen Voraussetzungen stimmen, geht's in das firmeneigene Schulungszentrum, wo die zukünftigen Filialleiter/innen den letzten Schliff erhalten. Tillmann: "Es gibt bei uns keinen Filialleiter, der nicht mindestens ein paar Seminare mit Erfolg besucht hat." Dabei geht es zuerst einmal darum, einige Grundsätze zu verstehen, wie sie wahrscheinlich bis dahin den wenigsten der neuen Mitarbeiter bekannt waren.

Von Warenkunde über Führungsseminare, die die Führungsgrundsätze der Christ-Gruppe vermitteln, haben die Mitarbeiter ein großes Pensum zu absolvieren. Ein wichtiger Grundsatz: "Wir alle übernehmen Verantwortung." Jeder einzelne Mitarbeiter wird dazu motiviert, sich persönlich als Ursache von Wirkungen zu verstehen. Das betrifft die Verwirklichung der gesteckten Ziele genauso wie die Ergebnisse in den Filialen oder die Verantwortung für das Wissen, Können und Wollen der Mitarbeiter. In den Führungspositionen ist die systematische Förderung der Mitarbeiter oberste Pflicht. Engagierte Mitdenker sollen die Mitarbeiter sein, bereit, Initiative zu ergreifen, Ideen zu entwickeln und konstruktiv an der gemeinsamen Aufgabe mitzuwirken. Ohne Schulung geht das nicht. Für Wolf-Rüdiger Tillmann spielen die Seminare eine große Rolle. Er ist davon überzeugt, damit das wichtigste Kapital seines Unternehmens, die Mitarbeiter, zu "pflegen".

144

Neben Führungsseminaren spielen Verkaufsseminare eine große Rolle. "Die Mitarbeiter erkennen, wie wichtig z.B. die Körpersprache ist", sagt der Geschäftsführer. Auch wenn eine Führungskraft alle Seminare besucht hat - die ständige Wiederholung ist wichtig. In der Praxis heißt das: immer wieder Aufbauseminare, Auffrischung und Reflexion. "Bei Christ lernt man nie aus", meint Wolf-Rüdiger Tillmann. Er selbst bezieht sich dabei mit ein, orientiert sich ständig an neuen Erkenntnissen im Management, bleibt auf dem laufenden, was Theorie und Praxis anbetrifft.

Zum "Verantwortungsprinzip" gehört für ihn auch, daß die Mitarbeiter die Weiterbildung nicht als Bestrafung empfinden. Sie sollen vielmehr das Gefühl bekommen, daß sie etwas für sich selbst tun und Schulungen Spaß machen können. Dabei müssen des öfteren Widerstände überwunden, innere Blockaden abgebaut werden. Tillmann dazu: "Am Anfang sind einige ein wenig ängstlich, aber dann sind sie ziemlich schnell mit Begeisterung bei der Sache." Alle Seminare schließen mit einer Prüfung und einem Zertifikat ab. Jedes neue Zertifikat wird nicht nur als zusätzliche Qualifizierung empfunden, sondern auch als Ansporn und als Anerkennung. Das Ergebnis: Die Christ-Mitarbeiter sind allesamt hochmotiviert, sich selbst weiterzubilden. Die Seminare sind so angelegt, daß die geforderten Anforderungen in der Regel zu bewältigen sind. Die Teilnehmer sollen Erfolgserlebnisse vermittelt bekommen.

"Die Erfolgserlebnisse sind das Motivierende an unseren Seminaren", findet Wolf-Rüdiger Tillmann. Die Mitarbeiter erkennen ihre Fortschritte selbst, haben Spaß an der Entwicklung ihrer Persönlichkeit und sind stolz über die Anerkennung ihrer Leistung. "Wir bekennen uns zum Leistungsprinzip", lautet denn auch ein weiterer Führungsgrundsatz des Unternehmens. Wer etwas leistet, verdient Gegenleistung, die Guten werden belohnt, die weniger Guten gefördert. Die Mitarbeiter bekommen das Gefühl für die eigenen Fortschritte vermittelt, indem es an ihnen liegt, immer besser zu werden, von Seminar zu Seminar. "Unsere eigene Motivation und die unserer Mitarbeiter sind der eigentliche Motor und die Grundlage für unsere gemeinsamen Erfolge und die Freude an der

Arbeit." Mit dieser Aussage wird deutlich gemacht, was die Säulen des Erfolges von Christ sind: gemeinsames Handeln durch gemeinsame Ziele, Verantwortung und Partnerschaft.

"Ich bin okay - Du bist okay" ist ein weiterer Grundsatz der Christ-Gruppe: Voraussetzung ist dabei, miteinander statt übereinander zu reden, Aussagen anstelle von Behauptungen zu treffen, Vorschläge zu machen statt Rechtfertigungen zu liefern, Informationen zu geben statt Geheimniskrämerei zu betreiben, Wert auf offene Aussprachen zu legen.

Anerkennung und Lob, darauf legt Wolf-Rüdiger Tillmann Wert, werden ehrlich und spontan ausgesprochen, die direkte Kommunikation wird selbstverständlich gepflegt. Ganz klar, daß jeder im Hause Christ das Gefühl hat, ernst genommen zu werden, nicht nur Rädchen im Getriebe, sondern mitverantwortlich für den gemeinsamen Erfolg zu sein.

Das hört sich fast ein wenig zu schön an, um wahr zu sein. Nicht für Wolf-Rüdiger Tillmann. Er wundert sich darüber, daß es immer noch Unternehmen gibt, die die Wertschätzung ihrer Mitarbeiter nicht ernst nehmen. "Ich bin überzeugt davon", verrät er, "daß der positive Umgang mit den Mitarbeitern auch immer positiv auf die Firma zurückfällt." Wer motiviert ist, arbeitet gern und ist bereit, Leistung zu bringen. So kommt es, daß es in seinem Unternehmen nur eine geringe Fluktuationsquote gibt. Wer keinen persönlichen Anlaß hat, zu wechseln, der bleibt. "Wenn man so viel in die Weiterbildung und Qualifizierung seiner Mitarbeiter investiert", betont Tillmann, "hat man natürlich auch ein Interesse daran, seine Leute zu halten."

Die hohen Ausbildungskosten für die Mitarbeiter sind für das Unternehmen Christ sicher nicht unerheblich. Aber an erster Stelle steht, daß das Ausscheiden eines der hochqualifizierten Fachleute als großer Verlust angesehen wird. Schon deshalb läßt sich die Geschäftsleitung einiges einfallen, um die Mitarbeiter zu halten. Frauen, die wegen Mutterschaft oder Heirat ihre Tätigkeit für ein oder mehrere Jahre unterbrechen, werden beispielsweise gern wieder eingestellt, nachdem das fachliche Grundwissen aufgefrischt wurde. Das leitende Personal in den Filialen bleibt nicht einfach sich selbst überlassen, sondern wird persönlich dazu angespornt, die Firmenpolitik überzeugt weiterzugeben und durch Vorbildfunktion zu motivieren. Wöchentlich werden die Angestellten von den Filialleitern geschult und trainiert, geben ihr Wissen und ihre Erfahrungen weiter. Jeder Mitarbeiter wird aktiv einbezogen und zu Verbesserungsvorschlägen und Kritik ermutigt.

"Wenn man nicht ständig diszipliniert an sich arbeitet", sagt Wolf-Rüdiger Tillmann, "geht der Leistungsstand ganz schnell wieder nach unten." Daß dies nicht geschieht, dafür sorgt das firmeninterne Bewertungssystem, bei dem nicht nur die Vorgesetzten die Leistungen und Persönlichkeiten ihrer Mitarbeiter beurteilen, sondern auch die Mitarbeiter ihre Chefs. Ein offenes, motivierendes Gespräch wird bei einer schlechteren Bewertung immer einer strengen Kritik vorgezogen. Gute Leistungen werden natürlich honoriert, sei es durch eine Gehaltserhöhung oder durch die Teilnahme an einer Motivationsreise.

Wolf-Rüdiger Tillmann erfüllt eine Vorbildfunktion. Nicht ohne Stolz bemerkt er, daß alle seine Mitarbeiter ihn persönlich kennen - eine Meisterleistung bei der Personalgröße von Christ. Er sieht sich selbst nicht als Typ von Chef, den die Angestellten lediglich in Form einer Fotografie kennen. Er ist ein Vorgesetzter, der in seinen Mitarbeitern zuallererst die Menschen sieht. Das macht ihn so glaubwürdig.

Für die Angestellten Mensch, Vorbild und Chef in einer Person zu sein hat einen hohen persönlichen Einsatz und Zeit erfordert. Tillmann sieht sich in aller Bescheidenheit auch ein wenig als "Meister der Delegation". Er hat das Vertrauen in seine leitenden Mitarbeiter, daß ankommt, was er vermitteln will. Jeder Mitarbeiter hat einen ganzheitlichen Überblick über die Gesamtstrukturen der Firma, aber auch einen klar abgegrenzten Kompetenzbereich. Innerhalb dieses Bereichs besteht ein sehr großer Spielraum für die Verwirklichung eigener Vorstellungen. Wolf-Rüdiger Tillmann: "Ein gewisses Maß an Hierarchie ist unerläßlich, sofern sie sinnvoll ist." Keinen Sinn ergibt es für ihn, wenn Mitarbeiter so wenig Entscheidungskompetenz haben, daß sie gezwungen sind, für jede Unterschrift zum Chef zu gehen.

Da die Firma zwar ein wichtiger Teil seines Lebens ist, sein Leben aber nicht die Firma, bleibt dem Manager mit dem ungewöhnlichen Führungsstil immer noch Zeit für seine Hobbys Skilaufen und Oldtimer-Sammeln. Irgendwann einmal möchte er sechs Wochen Urlaub hintereinander in Amerika machen. Für sein Privatleben, für die Ehefrau und die erwachsene Tochter nimmt er sich Zeit. "Es wäre schlimm, wenn das nicht möglich wäre", meint Tillmann.

# Ein Sieger ohne Allüren

## Klaus Mayr, Nationaltrainer

*Klaus Mayr, Nationaltrainer*

**Was erwartet Sie in diesem Kapitel?**

Erfolgreichster Ski-Trainer der Welt

Geduld ist seine größte Stärke

Mentales Training als psychologische Stütze

Klaus Mayr ist eine Ausnahmeerscheinung: Seit zwei Jahrzehnten ist er Trainer, ein Posten, der in Deutschland schnell zum "Schleudersitz" wird. Weiter gehört er zu den erfolgreichsten: Er trainierte die deutsche alpine Ski-Nationalmannschaft von Sieg zu Sieg, mal die Damen, mal die Herren, mal beide Teams. Er scheint den Erfolg gepachtet zu haben. Klaus Mayr, inzwischen Alpin-Chef im Präsidium des Deutschen Ski-Verbandes (DSV), ist dabei ein bescheidener und liebenswerter Mensch geblieben, mit Prinzipien, aber ohne Allüren. Vielleicht liegt das daran, daß er am eigenen Leibe erfahren hat, wie wichtig Erfolg im Sport für das Selbstwertgefühl ist - und wie frustrierend der Mißerfolg.

In den 60er Jahren war er aktiver Rennläufer, "nicht sonderlich erfolgreich", wie er zugibt. Dennoch erhielt er 1968 das Angebot vom DSV, Cheftrainer der damals ziemlich erfolglosen Damen-Nationalmannschaft zu werden. Klaus Mayr nahm die Herausforderung an. Die ersten zwei Jahre vergingen mit einer Neuformierung, die viel Zeit erforderte und zwangsläufig Rückschläge mit sich brachte. Natürlich hat der DSV auf Erfolge gewartet, aber mit seiner Gelassenheit und seinem Glauben an die Richtigkeit seines Weges konnte Klaus Mayr die Zweifler zwar nicht völlig überzeugen, doch zumindest beruhigen: Er bekam den dringend notwendigen "Zeit-Bonus". Langsam ging es mit den deutschen Ski-Damen bergauf. Nicht den schnellen und kurzlebigen Erfolg hatte der Trainer im Auge, sondern den großen Erfolg, als Basis für weitere große Erfolge.

Während der Olympiade 1972 deutete sich ein erster Aufwärtstrend an - zwar noch keine Medaillen, aber immerhin einige fünfte Plätze. Zur Weltmeisterschaft 1974 gab es die ersten Medaillen - trotz einer großen Enttäuschung: Die Medaillenhoffnung Christa Zechmeister, die bis zur WM fast sämtliche Weltcup-Slaloms gewonnen hatte, scheiterte bei diesem Top-Ereignis. Damals wurde Klaus Mayr jene Erkenntnis bewußt, die für ihn inzwischen zur Überzeugung geworden ist: "Wir können im Training ohne zusätzliche Hilfe nicht mehr weiterkommen." Spitzenleistungen waren auch im deutschen Skisport wieder möglich geworden. Nur: Warum versagten so viele Sportler in entscheidenden Situationen?

Trotz dieser im Raum stehenden Frage zweifelte Klaus Mayr nie an seinem eingeschlagenen Weg. Er wollte ein Super-Team aufbauen und war davon überzeugt, daß es ihm gelingen würde. "Ich engagiere mich gar nicht mal überschäumend. Ich tue nur, was ich für richtig halte. Und was ich für richtig gehalten habe, das ist im nachhinein auch richtig gewesen." Dieses Selbstbewußtsein, so bekennt er, komme allein aus ihm selbst. Weniger das Fachwissen zeichne ihn als Trainer aus, sondern der Glaube an sich selbst, an seine Mitarbeiter und die Sportler - und natürlich noch die Riesenportion Geduld und Hartnäckigkeit, die er immer mit der Mannschaft hatte. Er selbst bezeichnet seine Fähigkeit, warten zu können, als seine größte Stärke. Dank seiner guten Menschenkenntnis habe er immer gespürt, wenn eine Läuferin noch Zeit für die volle Entfaltung ihrer Fähigkeiten brauchte. Er ließ Talente "reifen", wo andere Trainer sie verheizt oder aufgegeben hätten.

Dabei hat er viel Kritik einstecken müssen. Zu weich sei er, zu nachgiebig. Doch er will die Sportler stärken und aufbauen - nicht drücken und beherrschen. Der Erfolg gab ihm recht: Er gilt heute als der erfolgreichste Ski-Trainer der Welt. Unvergessen die Olympiade 1976, als Rosi Mittermaier zwei Goldmedaillen und einmal Silber in Innsbruck gewann - und daneben gab es noch eine Reihe hervorragender Plazierungen durch die anderen Läuferinnen. Insgesamt war eine deutsche Damen-Mannschaft angetreten, die Aufsehen erregte. In dieser Zeit holte Rosi Mittermaier auch noch die Kombinations-Weltmeisterschaft und den alpinen Weltpokal. Alle Welt sprach jetzt von der deutschen Damen-Sensation im alpinen Skisport. Die Folge waren erhebliche Motivationsprobleme. Der Erfolgsdruck lastete auf den Läuferinnen, aber auch auf dem Trainer. Durch den Rücktritt Rosi Mittermaiers war die Mannschaft zudem stark geschwächt. Da mußte man sich zur WM 1978 schon etwas einfallen lassen, um die Erwartungen erfüllen zu können.

Klaus Mayr ließ sich etwas einfallen: Er überzog das Budget und bot den Sportlerinnen optimale Trainingsbedingungen, ließ sie in guten Hotels statt in Mannschaftsunterkünften wohnen und schirmte sie weitgehend von Presse und Öffentlichkeit ab. Er wollte das Besondere für sein Team. In dieser Phase belegte er mit seinen Sportlerinnen ein Exklusiv-Seminar bei mir. Ich wandte dabei eine Methode an, die in Deutschland bis dahin unbekannt war, obwohl sie der österreichischen Nationalmannschaft der Ski-Springer schon zu olympischem Ruhm verholfen hatte: das Mentale Training.

Der DSV tolerierte den Aufwand, aber, so Klaus Mayr: "Hätten wir keine Medaille geholt, wäre ich meinen Posten losgeworden." Das Ergebnis dieser Weltmeisterschaft waren immerhin eine Gold- und zwei Silbermedaillen durch Maria und Irene Epple sowie Pamela Behr. Dennoch: Instinktiv hatte Klaus Mayr nach diesem Erfolg das Gefühl, bei den Damen vorerst nicht weiterzukommen. "Zwölf Jahre", sinniert er, "sind eine lange Zeit. Da tut ein wenig Abstand gut."

1980 wurde er Cheftrainer beider DSV-Teams, der Damen und der Herren. Natürlich reizte ihn auch die Aufgabe, die Herren auf Erfolgskurs zu bringen. Seit Jahren konnte das Männer-Team keine Erfolge mehr feiern. So wurde Klaus Mayr Cheftrainer exklusiv für die Herren-Mannschaft. Keiner hatte mit dem ungeheuren Selbstbewußtsein dieses Mannes gerechnet: "Wenn ich etwas anfange, dann funktioniert das auch."

Trotz seiner Erfolge weiß Klaus Mayr Kritik zu schätzen, diente sie ihm doch immer dazu, seine Arbeit zu überdenken, noch besser zu werden. Nur konstruktiv mußte sie sein. Rückschläge waren für ihn nur selten Mißerfolge, sondern einkalkulierte und notwendige Zwischenphasen zum Aufbau der wirklich großen Erfolge. Als

1985 Markus Wasmeier in Bormeo die erste Weltmeisterschafts-Goldmedaille für die Herren-Mannschaft seit 1936 erkämpfte, wurde Klaus Mayr vom DSV und der Öffentlichkeit in die Nähe eines "Wunder-Trainers" gerückt. Das Unmögliche war möglich geworden: Man konnte aus einem "unmotivierten Haufen" eine Sieger-Truppe machen. Markus Wasmeier, Weltmeister Frank Wörndl, Slalom-As Armin Bittner, Abfahrtsweltmeister Hans-Jörg Tauscher - das Herren-Team fuhr in den folgenden Jahren reihenweise Erfolge ein. Mentale Stärke gibt Klaus Mayr als Zauberwort für den steilen Aufstieg an.

"Wir haben trainiert wie die Ochsen", erinnert er sich an die 70er Jahre. "Die Belastung war schon an der oberen Grenze. Da habe ich zufällig gelesen, daß mit Hilfe der Psychologie noch mehr zu erreichen wäre." Systematisch ließ er von da an Sportler, Trainer und Funktionäre "mental aufpolieren". Als Fachleute noch darüber diskutierten, ob es sich beim Mentalen Training um eine seriöse Motivationshilfe oder um Scharlatanerie handelte, konnte Mayr 1978 am Beispiel Irene Epples schon den ersten Erfolgsbeweis vorlegen. Wenn ihm damals noch Kritiker und Neider vorhielten, er habe "einfach nur Glück gehabt", war spätestens mit dem Erfolg der Herren-Mannschaft klar, daß es der "Mayrsche Weg" gewesen sein muß, der ihn zum erfolgreichsten Ski-Trainer der Welt gemacht hat.

Nur ein Prozent "mehr" an Leistung, Konzentration und Kraft können im Skisport über den Sieg entscheiden. Dieses eine Prozent gilt es zu aktivieren. Es genügt heute längst nicht mehr, körperlich fit, talentiert und durchtrainiert zu sein, sich auf die Bretter zu stellen und loszufahren. "Bei einem Rennen muß alles stimmen", erklärt Klaus Mayr, "neben der körperlichen Konstitution auch das Umfeld, die Psyche und die Motivation." Der Trainer ist dafür zuständig, diesen Idealzustand für die Sportler herzustellen. Da nicht immer alles optimal laufe in der hektischen Atmosphäre eines Wettkampfes, müsse ein guter Trainer als "Problemlöser" auftreten - eine Managementaufgabe.

Als Manager betrachtet sich Klaus Mayr in gewisser Weise auch. Er schafft wie eine Führungskraft in der Wirtschaft die optimalen Voraussetzungen für ein Höchstmaß an Leistung und Effektivität.

Außer den technischen und körperlichen Voraussetzungen zeichnet einen Spitzensportler - wie einen guten Mitarbeiter - die Begeisterung für das aus, was er tut. "Man muß von der Sache überzeugt sein", meint Klaus Mayr. "Wer nur Geld verdienen oder berühmt werden will, hat schon verloren." Und ganz vorn steht natürlich die Überzeugung, daß man es schaffen will und kann. Lernfähigkeit, Anpassungsfähigkeit, Entspannungs- und Konzentrationsfähigkeit - all diese Eigenschaften muß jeder, der auf einem Gebiet die Nummer 1 sein will, mitbringen - natürlich auch ein Sportler. Etwa die Hälfte der Talente, so schätzt Klaus Mayr, erfülle diese Voraussetzungen für Erfolg nicht. "Die müssen es dann eben lernen", sagt er ruhig. Irene Epple zum Beispiel habe sich diese Fähigkeiten mit Hilfe regelmäßiger Motivationsseminare und harter Arbeit an ihrer Persönlichkeit regelrecht erkämpft. "Sie war nicht das größte Talent", erzählt ihr ehemaliger Trainer, "aber sie hat aus ihren Möglichkeiten das Optimale gemacht." Deshalb plädiert er: "Jeder Sportler sollte auch immer seine Psyche trainieren." Aus einem mittelmäßigen könne so ein guter Sportler werden, aus einem talentierten ein Sieger. "Wer sich selbst beeinflußt", sagt Klaus Mayr, "wird konzentrierter, nervenstärker - und vor allem wird er weniger beeinflußbar von außen."

Wie sensibel Sportler während eines Wettkampfes sind und wie stark sie sich von ihrem Umfeld beeinflussen lassen können, hat Klaus Mayr während der Olympiade in Innsbruck festgestellt. Nach dem ersten Durchgang im Slalom lag eine französische Läuferin vor Rosi Mittermaier in Führung. Vor dem zweiten Lauf sprach Klaus Mayr die potentielle Siegerin mit den Worten an: "Du brauchst gar nicht mehr zu starten, die Rosi gewinnt sowieso." Das Ergebnis: Die Französin fuhr ein miserables Rennen und Rosi Mittermaier holte sich die Goldmedaille. Heute, gibt Klaus Mayr zu, würde er so etwas nie wieder tun, denn damals sei ihm klargeworden, wieviel mit Beeinflussung - positiv oder negativ - bewirkt werden kann. Deshalb schickt er in regelmäßigen Abständen Läuferinnen mit mentalen Problemen zu einem meiner

Motivationsseminare. "Die kommen danach immer berstend vor Motivation zurück", lacht er. Der Erfolg stelle sich zwar niemals über Nacht ein, aber eine langfristige Leistungssteigerung sei immer festzustellen.

Nach seinen Wechseln von den Damen zu den Herren und umgekehrt - immer von Erfolg gekrönt - war Klaus Mayr 1988 wieder für die Frauenmannschaft zuständig. Fünf Jahre lang war das vorher so erfolgsverwöhnte Team in der Versenkung verschwunden. Vor der Olympiade 1988 fiel dem DSV wieder der "Rettungsanker" Mayr ein. Obwohl der fast Fünfzigjährige eigentlich nicht vorhatte, sein "ganzes Leben auf dem Hang zu verbringen", nahm er die Aufgabe wieder einmal an. In nur einem halben Jahr baute er die Sieger-Mannschaft von Calgary auf: Gold für Marina Kiehl in der Abfahrt, Silber und Bronze für Christa Kinshofer. Über das gelungene Comeback von Christa Kinshofer freute sich Klaus Mayr ganz besonders. Mit 17 Jahren galt "Kinsi" als das größte Talent im DSV-Team. Fünf Riesenslalom-Weltcup-Rennen und den Weltcup gewann sie damals. 1980 in Lake Placid wurde sie Zweite. Nach dem Wechsel Mayrs zur Herren-Mannschaft ging es mit dem "Wunderkind" bergab - Motivationsprobleme. Schließlich kehrte sie der Mannschaft enttäuscht den Rücken. Erst nach der Rückkehr "ihres" Trainers kam auch Christa Kinshofer wieder. "Sie ist gekommen und hat einfach gewonnen", freut sich Klaus Mayr und fügt hinzu: "Kinsi hat gelernt, positiv zu denken und selbständig zu sein. Deshalb kam sie wieder nach oben." Doch unbestreitbar war es der Trainer, der ihr dieses Denken und Handeln erst ermöglicht hat.

Während der Weltmeisterschaft 1989 in Vail rückte ein anderer "Geheimtip" in den Mittelpunkt: Michaela Gerg. Immer schon gut im Rennen reichte es bei ihr bis dahin nie zu einem Medaillenerfolg. Klaus Mayr schickte sie Ende 1987 zu mir nach Königstein. Ein Jahr später war auch Michaela auf dem erfolgreichen Weg: Bronzemedaille. Bis dahin hatte sie sich täglich mit meinen Motivationscassetten vorbereitet. Gerade bei ihr wurde deutlich, daß Geduld und Zielsicherheit nötig sind für den Erfolg. Michaela Gerg hat nie den Glauben an ihre Fähigkeiten verloren und es allen Kritikern gezeigt. Sie war in Vail für Klaus Mayr die "moralische Siegerin", wie er damals der Weltöffentlichkeit verkündete.

Als die Damen wieder siegen konnten, nahm sich Mayr erneut der Herren an, um wieder "Struktur und Ordnung in das Team hineinzubringen". Mit Zehentner, Huber und Wasmeier konnten einige Siege eingefahren werden - mit Aufwärtstrend. Deshalb zog sich Klaus Mayr erst mal zurück aus dem aktiven Trainer-Dasein. Die Teams schienen ihm in solider Verfassung, die Trainer und Sportler waren auf die "Mayrsche Linie" eingestimmt. Nach über 20 Jahren hatte der Erfolgstrainer endlich Lust, sich zurückzulehnen und Zeit für Familie und Hobbys zu nehmen. Denn Ski-Trainer ist ein harter Job. Die Saison beginnt nicht, wie viele glauben, mit dem ersten Schneefall, sondern bereits im Frühjahr davor mit Trainings- und organisatorischer Planung. Insgesamt ist Klaus Mayr etwa drei Viertel des Jahres weg von zu Hause. Nationaltrainer zu sein ist nicht gerade ein familienfreundlicher Beruf, wie er bedauert. Seine erste Ehe ging in die Brüche, mit seiner zweiten Ehefrau Hannelore und Sohn Andreas teilt er für den "Rest des Jahres" Interessen und Hobbys. Nur das Skifahren ist kein Thema im Hause Mayr. Statt dessen wird Golf oder Tennis gespielt, gesurft und getaucht. Und im heimatlichen Pfronten hat sich das Paar ein Fitneß- und Erholungs-Zentrum aufgebaut, das sich schon in den ersten beiden Jahren als Erfolgsprojekt entpuppt hat. Klaus Mayr liegt viel daran, andere Menschen für Sport und Körperbewußtsein zu begeistern, und deshalb nahm er auch in Kauf, daß er in der Aufbauphase des Zentrums kaum noch Freizeit hatte. Es hat sich schließlich gelohnt.

Das Skifahren ist für ihn nicht zum Nabel der Welt geworden. Er ist davon überzeugt, daß die Mannschaft auch ohne seine aktive Unterstützung den eingeschlagenen Weg weitergehen kann. All das, was er aufgebaut hat, sollte in jedem Sportler, in jeder Sportlerin und in jedem Trainer verwurzelt sein. "Man kann", findet Mayr, "jungen Leuten nicht zumuten, sich von einem 60jährigen Oldie motivieren zu lassen." Mit einem Großvater-Typus hat der gerade 50jährige nun allerdings wirklich nicht viel gemeinsam.

156

Nicht nur körperlich wirkt er wie ein guterhaltener 30er - in seiner lockeren und offenen Art auf andere zuzugehen, mit seinem bayerischen Humor und seiner Herzlichkeit verkörpert er den Kumpel, den väterlichen Freund und das bewunderte Vorbild für junge Leute in einem. Im Frühjahr 1991 wurde er dank einer Neustrukturierung im Deutschen Ski-Verband hauptamtlicher Alpin-Chef im DSV. Die Umstellung vom Praktiker zum Funktionär scheint ihm nicht besonders schwerzufallen. "Wir müssen viel auffangen und in einigen Bereichen auch ganz von vorn beginnen", gibt er dennoch zu. Aber bei ihm schwingt immer Zuversicht und Selbstbewußtsein mit. Klaus Mayr ist ein in sich gefestigter Mensch, eine Persönlichkeit und ein echter "Problemlöser" - alles Eigenschaften, die die Erfolgreichen kennzeichnen. Außerdem hat er bisher über 20 Jahre deutsche Ski-Geschichte geschrieben - und noch nicht damit aufgehört. Wer sonst kann das noch von sich behaupten?

# Sieg des Willens

## Günter Traub, Weltmeister

*Günter Traub und seine Frau Heidi*

**Was erwartet Sie in diesem Kapitel?**

Rückschläge sind Herausforderungen

Besser als jede Leistungsspirale: der Mensch im Mittelpunkt

Die Schule in St. Moritz: Bewegungstraining in Höhenluft

Ein schwerer Sportunfall bedeutete die Wende im Leben von Günter Traub. Ein abgebrochenes Sprungbrett im Schwimmbad von Los Angeles war die Ursache dafür, daß Günter Traub mit 23 Knochenbrüchen, zertrümmerten Handgelenken und Verdacht auf Querschnittslähmung wieder zu sich kam. Ein Leben im Rollstuhl schien dem vom Erfolg verwöhnten einstigen Modellathleten bevorzustehen. Zum Zeitpunkt des Unfalls trainierte Günter Traub die erfolgreiche Olympiamannschaft der amerikanischen Eisschnelläufer.

Die Eigenschaften, die ihn während seiner eigenen aktiven Sportlerkarriere zum Sieg führten, halfen ihm nun aus dem Rollstuhl. Günter Traub besitzt einen unbeugsamen Willen und die Fähigkeit, Rückschläge als Herausforderung anzusehen. "Die Erkenntnisse aus dem Sport kann man auf viele Bereiche des Lebens übertragen", sagt er. Günter Traub setzte sowohl in Hinblick auf die Professionalisierung als auch auf die Popularität der Disziplinen Maßstäbe. 39 Deutsche Meistertitel, 15 Weltrekorde und vier Weltmeistertitel konnte er gewinnen. Lediglich der große Traum eines Olympiasieges erfüllte sich nicht.

"Es hat mich schon als kleiner Junge fasziniert, auf einem Gebiet zu den Besten der Welt zu zählen", bekennt Günter Traub. Im Sport sah er dazu die beste Möglichkeit. Eisschnellauf und Rollschuhsport waren für ihn reizvolle sportliche Betätigungsmöglichkeiten, da sie im Freien ausgeübt werden konnten. Das Erlebnis Natur, das Anregende an der Ausübung dieser Sportarten an der frischen Luft boten ihm ständige Motivation. Der Autodidakt Traub sagt, daß er bestimmt nicht so talentiert wie andere war und sich alles schwer erkämpfen mußte. Er tat es mit Begeisterung und verlor sein Ziel, der Beste zu werden, nicht aus den Augen. Ständig arbeitete er an neuen Trainingsmethoden und an seiner Technik. "Ich habe immer etwas Neues ausprobiert und mir meinen Erfolg mit System erkämpft", meint Günter Traub. Mit jedem erreichten Zwischenziel gewann er ein Stück Sicherheit und verlor etwas von den Selbstzweifeln, die ihn oft quälten.

Günter Traub absolvierte ein Studium an der Sporthochschule Köln, das er mit Auszeichnung abschloß. Seine zweite Karriere führte dazu, daß er Nationaltrainer der US-Olympiamannschaft wurde. Vor allem seine jahrelange harte Arbeit an sich selbst konnte Traub in seiner neuen Aufgabe anwenden. Die ständige Überprüfung von Theorien in der Praxis, das Überdenken von Fortschritten, die Bereitschaft, immer neu zu experimentieren - diese wichtigen Faktoren seiner eigenen Laufbahn wandte er als Trainer genauso erfolgreich an.

Nach seinem Unfall gelang es Günter Traub durch eiserne Disziplin in monatelanger Rehabilitation körperlich wieder zu einem normalen Leben zu finden. Schon ein dreiviertel Jahr später wurde er Trainer der italienischen Olympia-Eisschnellaufmannschaft. Geändert aber hatte sich seine Einstellung zu seinem Beruf. Er wurde zum Kritiker der Eindimensionalität im Hochleistungssport und der immer höher geschraubten Leistungsspirale. Er dachte an eine Ganzheitlichkeit von Körper, Seele und Geist auch im Sport. Nachdenklich geworden durch die eigene Verletzung sprach sich Günter Traub für einen Sport mit dem Menschen im Mittelpunkt aus. Freude an Bewegung, Fitneß und Konzentrationsfähigkeit sieht er als positive Ideale an. Dominiert die Technik, so Traub, wird der Mensch zum verletzlichsten Glied der Kette "Einheit Mensch-Maschine".

Es erstaunt, daß ausgerechnet er sich dem Motorsport zuwandte. Traub wurde psycho-physischer Fitneßtrainer des internationalen Ford-Auto-Rennteams mit berühmten Fahrern wie Niki Lauda und Jackie Stewart. Ganz bewußt engagierte er sich in der technikdominierten Welt der Motoren. Günter Traub wollte die Bedeutung des Menschen in dieser Sportart aufwerten und sah gerade darin eine große Herausforderung. Je perfekter die Technik wurde, desto höher wurden die Anforderungen an den Menschen, der diese Technik mit immer größerem physischen und psychischen Aufwand beherrschen mußte. Gefordert wurde ein Höchstmaß an Konzentrations- und Reaktionsvermögen. Günter Traub wollte den Menschen nicht der Technik opfern. Durch entsprechendes Ausgleichstraining verbesserte er die Ausdauer und verringerte die Reaktionszeit der Autorennfahrer.

Günter Traub wollte seine Erfahrungen gestreßten und überforderten Menschen aus allen Berufen zugänglich machen. Er rief im schweizerischen St.Moritz eine Bewegungstrainingsschule ins Leben und entwickelte sein eigenes Konzept für ganzheitliche Fitneß- und Gesundheitsseminare. Körperlich wohldosierte Bewegung, seelische Entspannung, Steigerung der Konzentration und unvergleichliche Naturerlebnisse im Reizklima der Oberengadiner Bergwelt setzt Günter Traub als einfache, aber wirkungsvolle Mittel für die Regeneration seiner Gäste ein. In einem kontrollierten Wechselspiel von Spannung und Entspannung werden die Selbstheilungskräfte des menschlichen Organismus reguliert. "Ich versuche durch individuell dosiertes Ausdauertraining das Herz-Kreislauf-System zu stärken, die Menschen aber gleichzeitig durch genau abgestimmte Ausdauerbelastungen im psycho-physischen Sinne zu entspannen", erklärt Günter Traub.

Aus der ganzen Welt kommen überforderte Menschen zu Günter Traub. Darunter finden sich viele prominente Namen, wie König Juan Carlos von Spanien, Fiat-Boss Agnelli, VW-Chef Dr. Hahn, Verleger Dr. Hubert Burda und andere Persönlichkeiten des öffentlichen Lebens. Auch ich konnte mich vom Erholungswert des Höhen-Fitneß-Trainings überzeugen. Gesundheit und Vitalität ausstrahlend, ist der 52jährige Günter Traub selbst das beste Beispiel für die Wirksamkeit seiner Methode. Hätte der vom Hochleistungssport einst so überzeugte Günter Traub nicht seinen Unfall gehabt, der die große Wende in seinem Leben bewirkte, die berühmte Bewegungsschule würde heute nicht existieren. So gesehen, findet Günter Traub, habe eben alles im Leben seinen tieferen Sinn.

# Komödiant aus Ernsthaftigkeit

## Claus Helmer, Theaterdirektor

*Claus Helmer, Theaterdirektor*

**Was erwartet Sie in diesem Kapitel?**

Ein Leben für das Theater

Schauspieler, Regisseur und Direktor - eine dreifache Belastung

Begeisterung ist seine Motivation

Er ist Schauspieler, Regisseur und Dramaturg. Er liest alle für Aufführungen in Frage kommenden Stücke, schließt Verträge ab und verwaltet ein Großstadt-Theater: Claus Helmer, Chef der Frankfurter "Komödie", gebürtiger Österreicher und Frankfurter aus Überzeugung. Er machte aus dem Boulevard ein lebendiges und komödiantisches Unterhaltungstheater mit Niveau. 1981 nahm er vom damaligen Frankfurter Kulturdezernenten Hilmar Hoffmann den "Harlekin-Preis" für besondere kulturelle Leistungen entgegen, und 1982 wurde er mit dem "Österreichischen Ehrenkreuz für Wissenschaft und Kunst" ausgezeichnet. Zum Boulevard hat Claus Helmer ein sehr persönliches Verhältnis. Er fühlt sich als Komödiant - und das sehr ernsthaft.

Ein Leben ohne Theater ist für ihn undenkbar. Vater und Onkel standen bereits auf den Bühnenbrettern. Claus Helmer selbst bestieg sie im zarten Alter von fünf Jahren. Neben Hans Moser und Josef Meinrad war er Kinderstar in verschiedenen Filmen und mit 15 Jahren wurde er per Sondergenehmigung der jüngste Schüler des berühmten Max-Reinhard-Seminars. Mit 18 erhielt er sein erstes Engagement in Düsseldorf und stand neben seinem großen Kollegen Gustav Fröhlich auf der Bühne. Als er 1965 nach Frankfurt und zum "Theater am Zoo" kam, verlor er sein Herz an den Boulevard und an die Stadt. An Frankfurt liebt er die Diskrepanz zwischen der Hochhaus-Skyline und der Beschaulichkeit und Ländlichkeit bestimmter Viertel und Stadtteile.

1972 wurde Claus Helmer mit 28 Jahren Chef der "Komödie", Deutschlands beliebtestem Boulevard-Theater. Fast alle Vorstellungen sind ständig ausverkauft. "Das Theater lebt vom Theaterspielen", versucht Claus Helmer den Erfolg seiner kleinen Bühne zu erklären, "und das Boulevardtheater lebt außerdem davon, die Leute zum Lachen zu bringen."

Unter den vielen Stücken, die ihm Tag für Tag auf den Schreibtisch gelegt werden, trifft er selbst die Auswahl. Claus Helmer vermutet, daß er wohl einen Erfolgsinstinkt haben muß, denn sein Programm kommt durchweg an beim verwöhnten Frankfurter Publikum. Fast immer gelingt es ihm, die richtigen Stücke mit der richtigen Besetzung auszuwählen und sie richtig zu inszenieren. Allerdings stellt er auch sehr hohe Erwartungen an seine Schauspieler und Mitarbeiter. Man sagt ihm gar preußische Strenge nach - recht ungewöhnlich für einen Theaterdirektor, für den persönlich das Lachen des Publikums der wichtigste Erfolgsmaßstab ist.

"Ein Schauspieler, der Menschen zum Lachen bringen will, braucht sehr viel Ernsthaftigkeit im Beruf", erklärt Claus Helmer. "Was der eine komisch findet, findet der andere gar nicht lustig. Nur 80 Prozent des Publikums in einem vollbesetzten Theater zum Lachen zu bringen ist harte Arbeit." Da müsse jeder Blick und jede Pointe stimmen. Vielleicht ist das auch einer der Gründe dafür, daß Claus Helmer gern auf "alte Hasen" der Branche zurückgreift. Namhafte Schauspieler wie etwa Paul Dahlke, Günther Ungeheuer, Paul Hubschmidt, Herta Staal, Claus Biederstaedt, Günther Schramm und viele andere gastierten bereits in seinem Haus.

Ein guter Komödiant ist für Helmer etwas Besonderes. "Es gibt in diesem Beruf etwas, was man nicht erklären kann - entweder man hat's oder man hat's nicht", definiert er lapidar sein Verständnis von einem guten Komödianten. Ihn stört, daß dieses Wort oft abwertend gemeint ist, weil er davon überzeugt ist, daß nur ein hart an sich arbeitender, ernsthafter Schauspieler wirklich komisch sein kann.

Wie beurteilt der Theaterchef und Regisseur Helmer den Schauspieler Helmer? "Ich kann sehr komisch sein, weil ich es aus Ernsthaftigkeit betreibe", lautet die Antwort. "Je ernsthafter man komische Sachen spielt, um so komischer wird die Situation." Es mag manchen Nachwuchs- oder Möchtegern-Schauspieler nachdenklich stimmen, wenn Claus Helmer selbstbewußt und überzeu-

164

gend behauptet: "Leute zum Weinen zu bringen ist nichts Besonderes, aber Leute zum Lachen zu bringen ist eine Kunst."

Für den disziplinierten und routinierten Schauspieler Helmer ist das Lernen der Texte keine Angelegenheit, die ihm Kopfzerbrechen bereitet. Er lernt schnell und kann das Gelernte auch schnell wieder vergessen, wenn er es nicht mehr benötigt. "Damit schaffe ich in meinem Kopf wieder Platz für eine neue Rolle", sagt er lachend. Er verlangt von seinen Schauspielern, daß sie ihre Texte unabhängig von äußeren Einflüssen und persönlicher Stimmungslage diszipliniert lernen, bis sie "ihre Rolle im Schlaf beherrschen". Sollte doch einmal ein Schauspieler seinen Text vergessen, erwartet Helmer, daß durch die Routine der Schauspieler und durch die Identifikation mit der Rolle die Situation gemeistert wird. Improvisationsvermögen ist für ihn eine Selbstverständlichkeit. "Das geht sogar so weit, daß man bei einem Klassiker auch in Versen denkt und deshalb auch in Versen improvisieren kann."

Claus Helmer leidet unter Lampenfieber wie fast alle Schauspieler. Er akzeptiert es und weiß, daß es dazugehört. Mit Autogenem Training versucht er sich zu entspannen. Sowie der Vorhang hoch geht, gibt es kein Zurück mehr. In jeder Aufführung, jeder Rolle und jeder Situation muß ein Schauspieler sein Bestes geben. Das ist nicht immer einfach. In der Pause einer Aufführung erfuhr Claus Helmer vom Tod seiner Mutter und mußte trotz des Schocks und der Trauer zum nächsten Akt wieder auf die Bühne. Auch ein Komödiant muß häufig Widerstände überwinden - und auf der Bühne ist es besonders schwer, weil eben das Lachen des Publikums über Erfolg oder Mißerfolg entscheidet.

Die Dreifachbelastung als ein spielender und regieführender Theaterdirektor ist nicht nur vom Arbeitsaufwand her groß. Auch die unterschiedlichen persönlichen Anforderungen der verschiedenen Aufgabengebiete erfordern Flexibilität und Einfühlungsvermögen. Als Regisseur muß Helmer auch ein guter Psychologe sein, um auf die Charaktere der Schauspieler einwirken und das Beste aus ihnen herausholen zu können. Für ihn ist es notwendig, die Fäden in der Hand zu behalten. Von Mitbestimmung, wie sie in den 70er Jahren an vielen Theatern propagiert wurde, hält er nicht viel. Statt dessen müsse "ein Regisseur eine gesunde Autorität haben und eine Führungspersönlichkeit sein".

Der extrovertierte Schauspieler, der ausgleichende und richtungsweisende Regisseur und schließlich noch der Direktor, der die Gesamtverantwortung zu tragen und seinen Kopf hinzuhalten hat - wie schafft das ein Mensch, solche Gegensätze in einer Person zu vereinbaren? "Manchmal geht der Regisseur Helmer dann eben zum Direktor Helmer", lacht der Allround-Mann, "und beschwert sich über den Schauspieler, und der Direktor sagt dann, daß der Regisseur selbst damit klarkommen muß, weil er den Schauspieler schließlich gewollt hat." Trotz der Belastung möchte Claus Helmer keine seiner vielen Tätigkeiten missen. "Spielen ist mein Beruf", sagt er, "Regie führen meine Aufgabe und Direktor sein vielleicht ein Teil meiner Berufung."

Kaum vorstellbar, daß bei dieser Belastung noch Raum für ein Privatleben bleiben kann. Claus Helmer ist in zweiter Ehe mit der Hauptdarstellerin seiner Bühne - Christine Glasner - verheiratet. Die große Gemeinsamkeit, das Theater, ist somit auch ein Bestandteil des Privatlebens geworden.

Der Theaterdirektor stellt hohe Anforderungen an Niveau und Qualität. Eine große Herausforderung war für ihn in den 70er Jahren das Stück "Irma la Douce". Ihm war davon abgeraten worden, da zum einen gerade der Film mit Shirley McLaine und Jack Lemmon angelaufen war und befürchtet wurde, daß das Stück auf einer kleinen Bühne ohne die technischen Möglichkeiten der großen Theater nicht wirkungsvoll zu inszenieren sei. Claus Helmer ging das Risiko ein - und das Stück wurde zu einem überwältigenden Erfolg bei Publikum und Kritik.

Er ist davon überzeugt, daß er seinen Erfolg vor allem seiner Neigung zu verdanken hat, niemals zufrieden zu sein und immer Zweifel zu haben. Er konzentriert sich immer auf das Neue und verläßt sich nicht auf das Altbewährte, weil "nichts so vergänglich ist wie der Erfolg von gestern". Jede neue Rolle bedeutet für ihn eine persönliche Herausforderung, denn jede neue Figur müsse man sich erst erkämpfen und erarbeiten.

Für die Zukunft würde es Claus Helmer reizen, noch eine zweite

Bühne zu übernehmen, wo er Stücke aufführen könnte, die in der "Komödie" nicht spielbar sind, für die aber in Frankfurt eine entsprechende Bühne fehlt. Ihm schwebt zum Beispiel "Die Nacht des Leguans" von Tennessee Williams vor. Eine kleine Studiobühne für experimentelles Theater wäre sein Wunschtraum. "Aber nur zusätzlich", fügt er hinzu, "nicht ausschließlich."

Denn in seinem Herzen ist er schließlich ein überzeugter und ernsthafter Komödiant.

# Erfolg kennt keine Grenzen

## Dr. Robert H. Schuller, Motivator

*Dr. Robert Schuller, Motivator*

## Was erwartet Sie in diesem Kapitel?

Jedes Problem hat seinen Sinn

Erfolg als christliche Verpflichtung

Robert Schuller: ein konstruktiver Denker

"Jemand, der eine positive Weltanschauung vertritt, denkt in subjektiven und nicht in allgemeingültigen, absoluten Begriffen! Er ist willens, seine Schlußfolgerungen zu überprüfen und zu revidieren, weil er voraussetzt, daß Fehler, Irrtümer und Ungenauigkeiten im Wesen der menschlichen Natur begründet sind." Mit diesen Worten in seinem Buch "Erfolg kennt keine Grenzen - Fehlschläge sind niemals endgültig" hebt sich der amerikanische Geistliche Dr. Robert H. Schuller von vielen Vertretern des Positiven Denkens ab: Nicht das Streben nach Unzulänglichkeit macht für ihn den konstruktiv denkenden Menschen aus, sondern das Wissen um die menschliche Unzulänglichkeit.

Wer Veränderungen und Probleme als etwas Positives betrachtet, ist auch bereit, sich selbst zu verändern, Fehler zu erkennen, zu revidieren und Probleme zu lösen - eine elementare Voraussetzung für Erfolg. In jedem Problem sieht Schuller eine Chance, jedes Problem hat seiner Überzeugung nach einen Sinn und einen Nutzen und wartet nur darauf, gelöst zu werden. Keine Philosophie steht damit vollkommen im Einklang.

Der gläubige Christ weiß, wovon er spricht, wenn er behauptet: "Probleme währen nicht ewig, sie sind zeitlich begrenzt. Wenn Sie alle Schwierigkeiten, mit denen wir Menschen uns konfrontiert sehen, als zeitweiliges Dilemma betrachten, mit dem es sich konstruktiv auseinanderzusetzen gilt, dann können Sie die düsteren oder rauhen Perioden des Lebens akzeptieren, ohne daran zu zerbrechen." Seine eigene Tochter stand nach einem schweren Unfall im Alter von 13 Jahren am Rande des Todes und mußte nach einer Beinamputation ihr Leben meistern, was ihr mit ihrer positiven

Haltung, ihrer zuversichtlichen Einstellung und ihrer Lebensbejahung auch gelang.

Er selbst hat ein schier unlösbares Problem mit der Kraft seines Willens und mit dem magischen Antrieb einer Vision gelöst, das er in seinem Buch "Harte Zeiten - Sie stehen sie durch" beschrieb: Er wollte eine Kirche bauen, die ihm "den Blick zum Himmel nicht verwehren würde", eine Kirche, die ein Paradies war, denn: "Gottes eigene Idee für eine Kirche war schließlich der Garten Eden." Das Problem war, daß kein Geld für die Verwirklichung dieser Vision vorhanden war.

Robert Schuller ließ seiner von vielen als utopisch kritisierten Vision noch eine weitere folgen: "Das Wichtigste am Projekt ist nur, daß es etwas Einmaliges, etwas Großartiges sein muß, das die Begeisterung der Menschen so sehr anzuregen vermag, daß sie das Geld aufbringen werden, das es kostet." Er reduzierte seinen Traum nicht auf eine realistische Größe, sondern baute ihn aus, machte ihn größer, machte ihn zum Traum anderer Menschen.

Die Begeisterung der anderen war es, die das am Ende 20 Millionen Dollar teure Projekt ermöglichte, den Bau der grandiosen "Kristallkathedrale" in Garden Grove, Kalifornien. Der Reverend begann mit seiner Familie vor über 25 Jahren sein Lebenswerk. Von Jahr zu Jahr vergrößerte sich die Gemeinde - und die Kathedrale. Mit Spenden, Beteiligungen und der Überzeugungskraft und Begeisterung des Geistlichen wurde ein Millionenprojekt finanziert, das mit einer Vision begonnen hatte, zum Wunsch und schließlich zum Ziel und in Form einer Kathedrale zum Symbol für den Sieg des Willens wurde. Im September 1980 wurde das gigantische Bauwerk, das mehr als 3000 Menschen Platz bietet, fertiggestellt.

Der stetige Aufstieg von Robert Schuller war ein ständiges Überwinden von Gipfeln und ein Durchschreiten von Talsohlen. Doch die kleinen Zwischenziele zum Erreichen des ganz großen Zieles bedeuteten für ihn immer "Gipfelerlebnisse", positive Erfahrungen, die ihm die Kraft zum Weitermachen gaben. Mit Beispielen aus seinem Erfahrungsschatz begründet Robert Schuller dieses Grundprinzip seiner Philosophie in seinen mehr als ein Dut-

170

zend Büchern, die weltweit publiziert und größtenteils auch in deutscher Übersetzung vorliegen. In seinem Buch "Aufwärts zum Erfolg" schreibt er: "Sie müssen an den Erfolg glauben. Schließlich besteht die andere Möglichkeit ja nur darin, an den Mißerfolg zu glauben. Gott hat Ihr Leben nicht zum Mißerfolg bestimmt. Denn wenn Sie Mißerfolg haben, werden davon viele andere unschuldige Menschen mit betroffen. Den Mißerfolg zu akzeptieren ist somit im Grunde genommen eine egoistische Tat."

Erfolg ist für Dr. Schuller nichts anderes als eine christliche Verpflichtung, untrennbar verflochten mit dem Respekt vor der Schöpfung Gottes, mit Nächstenliebe und der Verantwortung für andere. Diese Botschaft verbreitet er unermüdlich über seine Schriften, seine Vorträge und auch über das Fernsehen. Seine Fernsehsendung "Stunde der Kraft" wird wöchentlich mit großem Erfolg von über 150 Fernsehstationen in den USA, von über 20 Stationen in Australien und über Satellit in die ganze Welt ausgestrahlt. In dieser Sendung vertritt er seit über 20 Jahren seinen unerschütterlichen Glauben an Gott und das Gute im Menschen sowie die tiefe Überzeugung, daß "jeder Mensch erfolgreich sein kann, der sich zum Grundsatz des Positiven Denkens bekennt".

Immer wieder stellt er Menschen vor, die Außergewöhnliches leisten, ungewöhnlich erfolgreiche Menschen, Behinderte, die mit unbändiger Lebensenergie einen Sinn, eine Aufgabe in ihrem Leben gefunden, Menschen, die Schicksalsschläge überwunden haben. Besonders beeindruckend war sein Interview mit seinem Kollegen Viktor Frankl in der "Hour of Power", wie die Sendung in den USA heißt.

Die beiden herausragenden Denker hatten sich viele Jahre nicht gesehen, und deshalb erfüllt es mich mit großem Stolz, daß ich das Treffen durch meine Intervention ermöglichen konnte. Robert Schuller gelang es in dieser Sendung erstmals, die Gründe dafür zu erfahren, warum Frankl Nazi-Deutschland trotz der Bedrohung nicht verlassen hatte: Er wollte seine Eltern nicht im Stich lassen. Mit einfühlsamen, aber dennoch eindeutigen und zielgerichteten Fragen brachte Schuller den publicityscheuen Vater der "Logotherapie" zu ungewöhnlich offenen Antworten und Äußerungen

171

über dessen Philosophie und Vergangenheit. Ein beeindruckendes Dokument sensibler Gesprächsführung.

Robert Schuller macht mit seinem Beispiel und dem Beispiel anderer den Menschen Mut zum Erfolg. Er will weniger Trost spenden, sondern vielmehr motivieren, aufbauen, bestärken. Er weiß nur zu gut, daß zum Erfolg Kraft und Energie nötig sind, daß zum Erreichen eines Zieles die Bereitschaft und Notwendigkeit gehört, Widerstände zu überwinden und Probleme zu lösen. Das erfordert Mut zum Risiko. Doch Robert Schuller vergißt nicht zu betonen: "Ich habe mehr Bewunderung für einen Menschen, der etwas unternimmt und dabei Schiffbruch erleidet, als für einen Menschen, der nie Schiffbruch erleidet, weil er nie etwas unternimmt."

Von den vielen Erfolgslehrern unterscheidet sich der amerikanische Geistliche vor allem durch seinen sachlichen Realismus. Nicht die mystische Beschreibung von Träumen und Idealen beherrscht seine Philosophie, sondern das praktische Umsetzen dieser Träume. Träume sind für ihn nur dann sinnvoll, wenn ihnen ein Ziel folgt, diesem dann ein Plan, wie es zu erreichen ist, und dem Plan das aktive Handeln. Mit seiner kraftvollen und warmherzigen Ausstrahlung sucht Robert Schuller im Gespräch nicht nach Gegensätzen, sondern nach Übereinstimmungen. Seine lebhafte Gestik und Mimik sowie sein Auftreten und seine gesamte Erscheinung erklären seinen Erfolg im Überzeugen und Begeistern. Mit seinen rhetorischen Fähigkeiten, der Klarheit und Wärme seiner Stimme, hebt er sich von vielen anderen Vertretern des Positiven Denkens ab.

Im wahrsten Sinne des Wortes ist Robert Schuller eigentlich kein Positiver Denker. Er selbst definiert sich als konstruktiver Denker, weil seiner Meinung nach in unserer Welt auch Platz für manche Formen des negativen Denkens sein sollte, ohne die das Leben eine Spur kälter und gefühlloser wäre. Trauer um einen verstorbenen Angehörigen oder gerechten Zorn angesichts eines Unrechts sieht er als legitime Formen negativen Denkens an. Doch er betont: "Wer seine wechselnden Stimmungen akzeptiert und sich um emotionale Ausgeglichenheit bemüht, schärft sein Gespür für den Unterschied zwischen positiven und negativen Gefühlen." Was er unter konstruktivem Denken versteht, formuliert er mit den Worten: "Ein Mensch, der konstruktiv zu denken versteht, entwikkelt die Fähigkeit, negative Gefühle als solche zu erkennen und sich nicht von ihnen beherrschen zu lassen. Er versucht intuitiv und seiner eigenen Kraft bewußt, sie in positive Gefühle zu verwandeln. Wenn Ideen, Mitmenschen, Institutionen, Aktivitäten oder Erfahrungen negative Gefühle in uns auslösen - wie Enttäuschung, Depressionen, Wut, Schuld oder Scham -, dann sollten wir umgehend etwas unternehmen, um uns selbst aus diesem Tief herauszureißen oder uns zumindest vor den negativen Folgen zu schützen."

Für Dr. Schuller sind Mut, Kreativität und Zielklarheit die entscheidenden Erfolgsfaktoren. Die positive Einstellung zu Kreativität und Ideenreichtum ist für ihn eine unverzichtbare Komponente im Persönlichkeitsbild jedes erfolgreichen, konstruktiv denkenden Menschen. Nicht Worte, sondern Taten zählen für ihn. Deshalb ist es das größte Anliegen dieses außergewöhnlichen Geistlichen, daß möglichst viele Menschen wie er ihre Visionen realisieren. Dafür lebt er, und dafür hat er erst kürzlich eine schwere Krankheit überwunden. Für ihn gibt es viele gute Gründe zum Überwinden von Hindernissen und zu einem bedingungslosen Ja zum Leben.

# Herausforderung durch Verantwortung

## Hans-Ludwig Zachert, Präsident des Bundeskriminalamtes

*Hans-Ludwig Zachert, Präsident des Bundeskriminalamtes*

174

**Was erwartet Sie in diesem Kapitel?**

Spezialgebiet: Spionagebekämpfung

Erfolg durch Geradlinigkeit

Harmonie als wesentliches Element der Lebensgestaltung

Fröhlich, offen und unkompliziert entspricht er so gar nicht dem Bild eines hartgesottenen und knallharten Kriminalbeamten. Und hinter seiner Begeisterungsfähigkeit sowie in der offenkundig sehr harmonischen Partnerschaft mit seiner Frau verbirgt sich kein eiskalter Technokrat, sondern ein Mann, der in einem nervenaufreibenden Beruf trotz seiner Erfolge in erster Linie Mensch geblieben ist.

Hans-Ludwig Zachert ist einer der wenigen, die nicht über die "politische Schiene" nach oben gehievt wurden, sondern einzig aufgrund von Leistung und Kompetenz Karriere machte. Sein Werdegang innerhalb des BKA - dem er seit 1965 angehört - ist geradlinig und abenteuerlich zugleich.

Nach Abschluß seines Rechtswissenschaftsstudiums in Bonn und einigen Semestern Japanologie - die ersten zehn Jahre seines Lebens hat er in Japan verbracht - absolvierte der frischgebackene Jurist sein Referendariat am Oberlandesgericht Köln, bevor er im Bundeskriminalamt die höhere Beamtenlaufbahn anstrebte. Nach Abschluß der Ausbildung war er innerhalb der Abteilung "Sicherungsgruppe" des BKA in Bonn als Referent im Staatsschutz tätig.

Hier hatte er es mit so spektakulären Spionageaffären wie dem Fall Guillaume zu tun, dem Mann, der dem damaligen Bundeskanzler Willy Brandt das Amt kostete. Auch die aufsehenerregenden Fälle der Sekretärinnen einflußreicher Politiker, die aus Liebe zu Spioninnen wurden, fielen in den Aufgabenbereich Hans-Ludwig Zacherts.

Unterschiedliche Beweggründe und sehr verschiedene Persönlichkeitsstrukturen verhindern seiner Meinung nach die Erstellung eines eindeutigen Psychogramms dieser Menschen.

Den "typischen Spion" gebe es nicht. Da gäbe es einerseits die Gesinnungstäter, die aus ideologischen Motiven Staatsgeheimnisse weitergeben, in der festen Überzeugung, zum Wohle der Menschheit zu handeln. Andere spionierten des Geldes wegen oder - wie jene Sekretärinnen - aus Liebe zu einem Mann. Oft spiele eine gewisse Geltungssucht eine große Rolle. Den ehemaligen Kanzlerberater Guillaume beschreibt Hans-Ludwig Zachert als einen jener Spione, die vor allem von ihrem starken Bedürfnis nach Macht und Einfluß zur Spionage getrieben werden.

Viel psychologisches Einfühlungsvermögen sei deshalb bei den Verhören dieser Verbrechergruppe notwendig. Manchmal sei auch die Persönlichkeit des Beamten ausschlaggebend für den Erfolg. Ein älterer, väterlich wirkender Typ könne manchmal eher ein Geständnis entlocken als ein sachlich-kühler Intellektueller - oder umgekehrt. Das sei von Fall zu Fall zu entscheiden.

Für Hans-Ludwig Zachert war die Verfolgung von Spionen eine sehr befriedigende Aufgabe, weil er damit Schaden von der Bundesrepublik abwenden konnte. Er bestreitet nicht, diesen Menschen mit einer starken Neugier gegenübergetreten zu sein. "Man will den Menschen auch kennenlernen, der es fertigbringt, teilweise über Jahre und Jahrzehnte hinweg Vertrauen zu mißbrauchen, eine Vertrauensposition auszunutzen." Das menschliche Schicksal hinter der Tat - dieser Aspekt faszinierte ihn.

Mitte der 70er Jahre wurde er Gruppenleiter im Bereich "Staatsgefährdung", ein Jahr später setzte man ihn für die Lehrtätigkeit ein: An der Polizei-Führungsakademie in Münster war er vier Jahre lang als Fachbereichsleiter für Kriminalistik und Kriminologie tätig. "Bei der Ausbildung von Polizeibeamten kann man viel positives Aufsehen erregen", sagt Hans-Ludwig Zachert, "aber leider auch viel negatives, denn jede Aussage wird sofort öffentlich. Es ist ein sehr glattes Parkett, auf dem schon viele ausgerutscht sind."

Nun - er ist nicht ausgerutscht, sondern meisterte seine Aufgabe mit Bravour. 1980 übernahm er - wieder zurück in der Spionagebekämpfung - zunächst die Position eines Gruppenleiters, bevor er zwei Jahre später zum Abteilungspräsidenten der "Sicher-ungs-gruppe" in Meckenheim berufen wurde, wo er für den Personenschutz der Bonner Politiker verantwortlich war, vom Abgeordneten bis zum Bundespräsidenten.

An dieser Stelle wäre eigentlich eine Anekdote oder eine kleine indiskrete Äußerung über einen der Lenker unserer Republik fällig - doch Hans-Ludwig Zachert hüllt sich in höfliches, aber bestimmtes Schweigen. Diskretion ist für ihn Ehrensache. Schließlich sei der Personenschutz auch dazu da, Politiker vor indiskreten Übergriffen zu schützen. "Es wäre schlimm, wenn ausgerechnet wir Vertraulichkeiten ausplaudern würden", sagt der BKA-Mann.

Allerdings verrät er, daß ihn einige Politiker persönlich sehr beeindruckt hätten, der eine durch seine menschliche Wärme, der andere durch seine Art, sich öffentlich zu präsentieren. Hinter jedem Politiker steht immer auch ein Mensch. Welcher Mensch nun hinter welchem Politiker steht, läßt Hans-Ludwig Zachert jedoch offen. "Es steht mir nicht zu, eine Persönlichkeit besonders hervorzuheben." Auf sein Schweigen kann sich die Bonner Polit-Prominenz wirklich verlassen.

Weiter auf der Karriereleiter ging es 1985, als er Erster Direktor und Hauptabteilungsleiter der BKA-Dependance in Meckenheim wurde, bis er 1987 zum Vize-Präsidenten des BKA ernannt wurde und schließlich im April 1990 die höchste Stufe erreichte: die Position des Präsidenten. "Man muß sich über einen sehr langen Zeitraum hochdienen", resümiert er 25 Jahre Dienstzeit. In dieser Zeit hat er die breite Palette der Arbeitsbereiche kennengelernt und betrachtet sich deshalb selbst als Praktiker.

In gewisser Weise war er dennoch überrascht, daß er zum Präsidenten ernannt wurde, er, ein politisch "Neutraler", dafür aber fachlich Kompetenter. Das ist keine Selbstverständlichkeit in einflußreichen Positionen, wo die politische Laufbahn manchmal ausschlaggebend ist. "Ein umsichtiger Innenminister", lacht Hans-Ludwig Zachert verschmitzt. Er strahlt das Selbstbewußtsein eines Mannes aus, der weiß, daß er für den Posten alles mitbringt, was erforderlich ist.

Enttäuscht wäre er schon ein wenig gewesen, wenn er nicht ausgewählt worden wäre. "Aber", schränkt er nachdenklich ein, "trotz der interessanten Möglichkeiten hat die Aufgabe auch ein paar Schattenseiten." Als Vize-Präsident hätte er seine Position nicht nach außen hin verteidigen müssen, aber als Präsident habe er die Verantwortlichkeit des Hauses zu repräsentieren. Vor allem der Mißerfolg werde mit der Person des Präsidenten in Verbindung gebracht, während die Erfolge doch eher den zuständigen Beamten zugeordnet werden. Eine sehr undankbare Aufgabe, könnte man glauben. Nicht für Hans-Ludwig Zachert. Offensichtlich sieht er in der Verantwortung immer auch eine Herausforderung.

Trotz allem ist es für mich schwer nachvollziehbar, wie ein Mensch, der während seines ganzen Berufslebens mit Verbrechern - Spionen, Terroristen, Rauschgifthändlern - unmittelbar zu tun hatte, noch ein positives Verhältnis zu seiner Arbeit haben kann. Hans-Ludwig Zachert strahlt die selbstbewußte und unerschütterliche Überzeugung aus, daß seine Tätigkeit sinnvoll, wichtig und gut ist. Dieses Prinzip wird auch von Mißerfolgen und Frustrationen nicht beeinträchtigt. Woher nur nimmt er seinen Glauben an das Gute im Leben, wo er doch so viel mit dem Schlechten, mit den tiefsten Abgründen menschlichen Verhaltens zu tun hat?

Da ist in erster Linie seine Familie, in der er immer wieder den gesunden Gegenpol zu den Inhalten seiner Arbeit findet. "Der Erfolg des einen ist die Entbehrung des anderen", formuliert Hans-Ludwig Zachert die Anforderungen an die Familie eines öffentlichen Repräsentanten, vor allem an seine Frau. Das ist vielleicht ein wenig übertrieben, denn Frau Zachert entspricht so ganz und gar nicht der Vorstellung einer Ehefrau an der Seite eines Karrierebeamten, die im Schatten ihres Mannes steht und lächelnd repräsentiert. Sie ist vielmehr eine sehr temperamentvolle Frau, die auch Kontroversen nicht scheut - und als selbständige Finanzberaterin ist sie beruflich fast ebenso erfolgreich wie ihr Mann.

Hans-Ludwig Zachert sieht die Basis seiner Ehe darin, daß seine Frau, eine sehr starke Persönlichkeit, ihn immer unterstützt hat, ohne dabei die Familie und auch die eigenen Interessen aus den

178

Augen zu verlieren. Ein schwerer Schicksalsschlag - die über alles geliebte Tochter starb mit 14 Jahren - trug nur zum engeren Zusammenwachsen des Paares bei. Durch den gegenseitigen Halt, den sich das Ehepaar Zachert geben konnte, und den gemeinsam durchlebten Schmerz konnte der Verlust zwar nicht verwunden werden, aber man kann nun damit leben. Auch Jahre nach ihrem Tod ist die Tochter noch heute allgegenwärtig in der Familie und wird es auch immer bleiben.

"Wenn meine Frau in ihrer Dynamik und Schaffenskraft nur auf mich gepolt wäre", meint er, "das wäre für uns beide nicht gut." Und ein wenig stolz fügt er hinzu: "Es ist für mich doch durchaus schmückend, eine Frau zu haben, die in meinem Umfeld den Eindruck vermittelt, daß sie eine eigenständige Persönlichkeit ist, die auch recht dominant auftreten kann."

Dazu kommt aber auch, daß Hans-Ludwig Zachert kein Mensch ist, der die großen Auftritte in der Öffentlichkeit sucht und genießt. Er ist eher zurückhaltend und bevorzugt bei sich selbst die leisen Töne. Schon von daher sieht er keineswegs seine Männlichkeit in Frage gestellt, wenn seine Frau die gesellschaftliche Initiative ergreift.

Er ist sich sicher: "Um Erfolg zu haben, bedarf man der Unterstützung vieler. Man ist niemals alleine das geworden, was man ist." Zum Erfolg zählten gute und tüchtige Mitarbeiter genauso wie ein harmonisches Privatleben und die tatkräftige und aktive Unterstützung durch die Partnerin. Eine schwache Ehefrau hätte er an seiner Seite wirklich nicht gebrauchen können.

Sein Verhältnis zu den beiden erwachsenen Söhnen bezeichnet er als spannungsfrei, ohne daß jedoch Auseinandersetzungen aus dem Weg gegangen wird. Der jüngste Sohn absolviert nach einer kaufmännischen Ausbildung bei Mercedes ein Studium an der European Business School. Den ältesten Sohn, der als Vertreter für Sportartikel sehr erfolgreich ist, schildert der Vater als sehr dynamischen Vollblutkaufmann: "Er kommt ganz nach der Mutter."

So ist für Hans-Ludwig Zachert der berufliche Erfolg nicht Inbegriff seines Lebens. Auch das Privatleben darf nicht zu kurz kommen. Ab und zu kommt er zusammen mit seiner Frau in eines meiner Urlaubsseminare, die ihm neue Anregungen und Impulse vermitteln: "Es hat mich sehr beeindruckt, daß man nicht aufhören sollte, an sich zu arbeiten, und daß der Selbstentfaltungsprozeß keine zeitlichen Schranken hat." Für ihn ist es heute sehr wichtig, die Erfolge als solche erst einmal zu erkennen. "Viele sind erfolgreich und wissen es oft gar nicht", sagt er. Das Bewußtsein, etwas Sinnvolles und Erfolgreiches im Leben geleistet zu haben, sieht er als großen Kraftspender an. Vieles davon konnte er in seiner beruflichen Tätigkeit verwerten und umsetzen.

"Man sollte in seinem Leben versuchen, ein hohes Maß an Harmonie zu realisieren", meint Hans-Ludwig Zachert abschließend. Und ein wenig nachdenklich ergänzt er: "Vor allem sollte man eines nicht vergessen: Man kann sehr groß, aber auch sehr klein sein."

Fatalistisch klingt diese Aussage keineswegs, eher - typisch für den BKA-Präsidenten - sachlich-bescheiden. Eigentlich ist es doch sehr erfreulich, daß eine so einflußreiche Position in der Bundesrepublik von einem Mann mit solchen Eigenschaften wahrgenommen wird.

# Ein "fehlerhaftes" Vorbild

## Dr. Alexander Gutowski, Zahnarzt

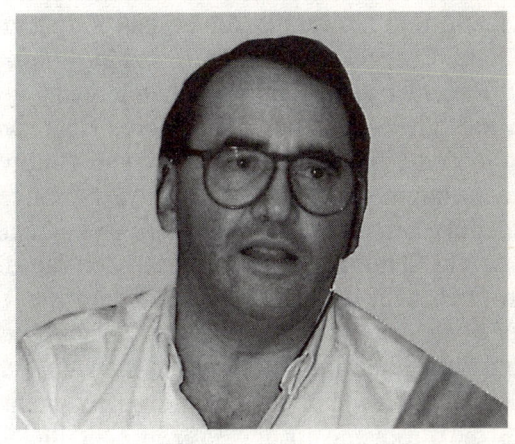

*Dr. Alexander Gutowski, Zahnarzt*

**Was erwartet Sie in diesem Kapitel?**

Mehr als nur ein Zahnarzt

Erfolgreicher Seminarleiter für Psychologie

Fehler erkennen erfordert Mut

Seit beinahe 30 Jahren ist Dr. Alexander Gutowski Zahnarzt in Schwäbisch-Gmünd. Daß er das große Vorbild einer Vielzahl von Zahnärzten in ganz Deutschland ist, hat einen einfachen Grund: Er praktiziert nicht nur, sondern lehrt auch seine Kollegen, wie sie ihren Beruf besser, effektiver und vor allem menschlicher ausüben können. Dr. Gutowski veranstaltet im "Nebenberuf" Seminare, weil er es wichtig und notwendig findet, daß Zahnärzte nicht nur einen beruflichen Ehrgeiz entwickeln, sondern vor allem den Menschen im Patienten sehen und verstehen lernen.

Begonnen hat alles Mitte der 60er Jahre. Nach wiederholten Aufenthalten in den USA wurde Dr. Alexander Gutowski von einigen Freunden darum gebeten, über seine Erfahrungen mit dem dortigen medizinischen Stand zu referieren. Aus einem geplanten Vortrag wurde ein Seminar, denn zu dieser Zeit lag die deutsche Zahnmedizin noch deutlich unter dem Standard der USA. Während anfangs noch die medizinischen und technischen Erkenntnisse und Entwicklungen im Vordergrund standen, wie z. B. die Erfassung der Kieferbewegungen, wurde später mehr und mehr deutlich, daß die Probleme in den Praxen eher im Umgang mit dem Patienten als in mangelnder Fingerfertigkeit lagen.

Die Zahnmedizin ist auch in Deutschland inzwischen sehr weit fortgeschritten, aber die Angst des Patienten vor dem Bohrer besteht nach wie vor. Zahnärzte bewegen sich auf einem sehr sensiblen Gebiet: Ihre Tätigkeit macht es erforderlich, daß sie ständig in einen intimen Bereich ihrer Patienten eingreifen und daß der zu Behandelnde dabei nicht oder nur eingeschränkt in der Lage ist, sich zu artikulieren. Die Kommunikation während der Behandlung ist extrem erschwert, der Patient sieht nicht, was der Arzt tut, fühlt und weiß aber, daß etwas mit ihm geschieht, das seine Intimsphäre berührt. Im Gegensatz dazu steht die fachlich-medizinische Ausbildung der Ärzte, die dieses sensible psychologische Feld kaum berücksichtigt. Viele, gerade junge Zahnärzte sind verunsichert oder - was schlimmer ist - ignorieren die Verantwortung für die Psyche ihrer Patienten.

Genau hier setzt Dr. Gutowski mit seinen inzwischen in ganz Deutschland bekannten Seminaren an. Seiner Meinung nach müssen die Zahnärzte verinnerlichen, daß sie es in erster Linie mit Menschen und erst in zweiter Linie mit einem Gebiß zu tun haben. Das beginnt bereits bei der Optimierung des Arbeitsablaufs, der nicht nur eine rein technische Angelegenheit ist, sondern auch Vertrauensbildung beinhaltet. "Die Behandlung beginnt mit der Erfassung des Patienten", erklärt der erfahrene Mediziner. "Zuerst gilt es festzustellen, welches Problem der Patient hat, was der Grund für seinen Besuch ist. Daraus entwickelt sich ein Vorgespräch." Selbstverständlich habe dieses Gespräch auch den Sinn, eine Diagnose zu stellen und über die Behandlung zu entscheiden, es sei aber auch notwendig für den menschlichen Kontakt zwischen Arzt und Patient.

Dr. Gutowski nennt drei Möglichkeiten der zahnmedizinischen Fortbildung. Die eine Methode informiert mit Hilfe von Dias - was seiner Überzeugung nach die schlechteste Art ist. Die zweite Methode besteht in der praktischen Demonstration an Patienten und die dritte und wirkungsvollste ist die Behandlung durch die Lehrgangsteilnehmer unter Anleitung des Lehrers. Wichtig dabei ist nicht nur das Ziel, also etwa das Einsetzen einer kompletten Zahnprothese, sondern vor allem das systematische und schrittweise Vorgehen während der Behandlung. "Das macht den guten Zahnarzt aus", meint Dr. Gutowski, "daß er nicht allein das Ergebnis sieht, sondern daß er weiß, wie wichtig jeder einzelne Zwischenschritt ist." Davon hänge letztendlich die Exaktheit der Arbeit ab. "Ich erwarte, daß die Zahnärzte den Anspruch an sich selbst haben, saubere Arbeit zu leisten", sagt er und definiert damit gleichzeitig sein berufliches Selbstverständnis.

Ein guter Zahnarzt ist aber auch ein Mensch, der die richtige Beziehung zu seinem Patienten findet, der sich von seiner Intuition im Umgang mit der menschlichen Psyche leiten läßt. "Ich glaube, daß man zum Zahnarzt berufen sein muß", sagt Alexander Gutowski - und spricht damit einen recht heiklen Punkt an, denn es gab ja durchaus eine Zeit, in der es als "chic" galt, Zahnmedizin zu studieren und in der auch der Reiz des schnell zu verdienenden Geldes eine Rolle bei der Berufswahl spielte.

Dr. Gutowski bedauert es deshalb keineswegs, daß der Trend sich geändert hat und die Zahnmedizin größtenteils wieder von Menschen gewählt wird, die den Beruf im Vordergrund sehen und nicht das Image oder materielle Vorteile. "Man kann vieles lernen", sagt er, "aber nicht Intuition." Lernen und verinnerlichen könne man z. B., daß man beim Eintreten eines Patienten nicht abgewandt am Schreibtisch sitze. Lernen könne man, daß man sich beim Gespräch mit dem Patienten auf gleicher Augenhöhe befinden sollte. Aber der intuitive Umgang mit dem Patienten, das Gespür für die individuellen Unterschiede - das könne man nur haben oder nicht haben.

"Wenn der Patient sich in der Praxis sicher fühlt, wenn er das Gefühl hat, daß der Arzt das mit ihm macht, was er auch mit sich selbst tun würde oder mit seiner Familie - dann befindet er sich bei einem Kollegen, der über die Gabe der Intuition verfügt", erklärt Dr. Gutowski. Weder das bewußte Einflußnehmen noch das Wissen um psychologische Hintergründe könne diese Gabe ersetzen.

Den Nutzen seiner Seminare sieht er darin, die Kollegen zu motivieren, an sich zu arbeiten - "sauber zu denken und sauber zu arbeiten", wie er es formuliert. Man könne diese Überzeugungsarbeit sicherlich mit Worten leisten - effektiver sei die Vorbildfunktion, sei das Beispiel aus der Praxis. Ob er sich selbst als Vorbild sehe? Sicher sei er das. Jeder, der einem anderen etwas beibringen kann, ist im Prinzip ein Vorbild. "Ein Vorbild zu sein - das heißt auch, Verantwortung zu übernehmen", sagt er in seiner ruhigen und souverän selbstbewußten Art. Auf die Frage, ob ein Vorbild denn überhaupt Fehler begehen könne, lacht er: "Aber selbstverständlich. Auch ein Vorbild ist schließlich nur ein Mensch."

184

Es komme eben darauf an, dies klar und offen zu vermitteln. Dr. Gutowski scheut sich nicht, seinen Schülern auch die eigenen Fehler als Lehrbeispiel zu schildern. Angst, vom Sockel zu stürzen, hat der erfolgreiche Mediziner nicht. Auch er hat Vorbilder, die seinen beruflichen Werdegang und seine derzeitige Tätigkeit und Einstellung zum Beruf mit geprägt haben. "Ich hatte den großen Vorteil, exzellente Lehrer gehabt zu haben", erzählt er. Angefangen bei dem Vater, der seiner Überzeugung nach ein hervorragender Zahnarzt gewesen sei und ihn sehr stark motiviert habe, gab es noch eine Reihe herausragender Lehrmeister während seiner Ausbildungs- und Assistenzzeit in Deutschland, in der Schweiz und in den Vereinigten Staaten.

Nicht die völlige Unfehlbarkeit war es, die diese Menschen für ihn zu Vorbildern gemacht hat, sondern die Bereitschaft, Fehler zu erkennen, zu korrigieren und daraus positiven Nutzen zu ziehen. Er mißtraut grundsätzlich Menschen, die sich für unfehlbar halten, vor allem, wenn es sich dabei um Ärzte handelt, die ja schließlich Verantwortung für das Wohl und Wehe anderer Menschen tragen. "Perfektion schafft Aggression", reimt er vielsagend. "Man darf als Mediziner nicht nur Fehler machen - man muß es sogar." Nur dadurch könne man immer besser werden - eine aus der praktischen Erfahrung geborene Philosophie, die er seinen Schülern immer wieder deutlich macht, denn: "Auch Fehler zu machen und damit umzugehen, muß man lernen."

Gerade Irrtümer und Fehler in der Zahnheilkunde können relativ leicht korrigiert werden, wenn man sie rechtzeitig erkennt und nicht vor sich selbst und dem Patienten verleugnet. "Wenn ich bei einem Behandlungsschritt erkenne, daß ich etwas falsch gemacht habe", erklärt er, "dann brauche ich nur einen Schritt zurückzugehen und kann den Fehler korrigieren. Wenn ich das versäume, kann ich das später nur sehr schwer wieder rückgängig machen." Er kritisiert, daß viele Zahnärzte diesen Rückwärtsschritt scheuen würden und dadurch das verursachen, was der Volksmund schlicht als "Pfusch" bezeichnet. "Die Menschen sehen leider nur das Ziel, wollen das Ergebnis", bedauert er. Dabei seien es die bereits erwähnten systematischen kleinen Schritte, sorgfältig und sauber

185

ausgeführt, die einen guten Zahnarzt auszeichnen würden - gerade weil er weiß, daß niemand absolut fehlerfrei arbeiten könne. Motivation kann also auch bedeuten: Mut machen zum Fehler-Machen - oder vielleicht besser: zum Fehler-Erkennen.

Dr. Gutowski möchte, daß seine Schüler danach streben, vollkommen zu werden, und zugleich wissen, daß es den vollkommenen Menschen nicht gibt. Der renommierte Zahnarzt steht mit seiner ganzen Person dafür ein, daß es keineswegs ein Zeichen für Schwäche oder Unfähigkeit ist, eine Art "Fehlerbewußtsein" zu entwickeln. "Ein Perfektionist ist nicht jemand, der perfekt ist, sondern jemand, der das Perfekte anstrebt."

Seine Lehrmethode formuliert er lapidar mit den Worten: "Ich zeige in meinen Kursen lediglich, was ich in meiner Praxis mache." Dabei vermeidet er das, was er an so vielen Fortbildern kritisiert, nämlich daß sie das lehren, was sie selbst lernen möchten, und nicht das, was sie können und anwenden. In seiner Konsequenz sieht er die Basis seines Erfolges. "Es scheint den Leuten zu gefallen, daß ich ehrlich bin und kein Theater spiele", vermutet er. Die Schüler vertrauen ihm, weil er glaubwürdig ist, und mit Hilfe seiner rhetorischen Kraft gelingt es ihm immer wieder, deutlich zu machen, daß es möglich ist, Widerstände und Ängste im Patienten zu überwinden.

Dr. Gutowski sieht sich durchaus als Angehöriger einer Elitegruppe unter den Zahnärzten. Mit dieser Definition hat er keine Schwierigkeiten. Er würde sich selbst jedoch niemals als den Besten, als die Nummer 1 bezeichnen. "Wer so etwas von sich behauptet", findet er, "hat kein wirkliches Selbstbewußtsein und ist unfähig zur Selbstkritik." Beides sei aber Voraussetzung, wenn man zur Spitze gehören wolle. "Den Besten gibt es nicht - es gibt nur exzellente Könner auf einem Gebiet." Alexander Gutowski möchte, wie er es ausdrückt, ein guter, ein ordentlich arbeitender Zahnarzt sein. Lächelnd ergänzt er: "Wer ordentlich arbeitet, gehört zur Elite."

Ordentlich arbeiten - dazu gehört für ihn vor allem die Kompromißlosigkeit in der Behandlung. Man dürfe sich selbst nicht nachgeben, sich keine Kompromisse gestatten. Und das vermittelt

186

er auch in seinen Seminaren. Er gibt zu, daß in diesem Beruf gerade für junge Ärzte die Versuchung manchmal recht groß sein kann, sich zu schnell mit einer eher mäßigen Leistung zufriedenzugeben. "Ein guter Zahnarzt zu sein - das ist in erster Linie eine Sache des Charakters", meint Dr. Gutowski.

In seinen Seminaren hat Dr. Gutowski es gewissermaßen mit einer Elite zu tun. Wer an einer Fortbildung teilnimmt, hat eine grundsätzlich positive Einstellung zum Beruf, will an sich arbeiten, dazulernen. Er findet, daß die junge Ärztegeneration eine starke Bereitschaft zum Lernen und zur Weiterbildung hat und daß diese Tatsache dem Berufsimage sehr gut tue. "Die Desinteressierten bekomme ich eigentlich gar nicht zu Gesicht", meint er.

Er ist eine anerkannte Kapazität auf seinem Gebiet, seine Kurse sind ständig ausgebucht. So muß er für die Seminartätigkeit natürlich viel Zeit aufwenden. Dennoch schafft es der Zahnarzt, der als sein liebstes Hobby die Zahnmedizin angibt, seine eigene Praxis nicht zu vernachlässigen. Das Praktizieren ist ihm wichtig, ist so etwas wie eine Voraussetzung für die Überzeugungskraft und die Praxisnähe seiner Kurse, die sie ja gerade so populär und hochkarätig gemacht hat. Eine Weiterbildung bei Dr. Gutowski gilt unter Zahnärzten als besondere Qualifizierung, und das, weil nicht nur Theorien vermittelt werden, sondern praktischer Anschauungsunterricht die Qualität der Kurse ausmacht.

Seine Frau begleitet den vielbeschäftigten Seminarleiter auf seinen häufigen Reisen, seitdem die beiden Kinder erwachsen sind. Dadurch, findet Dr. Gutowski, fällt die Abwesenheit von zu Hause leichter. Ihm ist deutlich anzumerken, daß er stolz ist auf das Erreichte, auf die Anerkennung in Fachkreisen. Seine Gelassenheit ist Ausdruck seiner inneren Zufriedenheit und seine Bereitschaft dazuzulernen ein Beweis dafür, daß auch ein Vorbild nicht stehenbleiben kann, sondern immer an sich arbeiten muß. Gerade dieser Aspekt macht im Prinzip ein Vorbild aus.

# Humane Unternehmenskultur

## Dr. Helmut Hagemann, Direktor der deutschen McKinsey & Partner Unternehmensberatung

*Dr. Helmut Hagemann, Direktor der deutschen McKinsey & Partner Unternehmensberatung*

## Was erwartet Sie in diesem Kapitel?

Effektive Unternehmensführung: Aufgaben eines Beraters

Entscheidend: Mitarbeitermotivation

Lebensphilosophie: Alles was man gibt, kommt zurück

Rationalisierung hat immer ein wenig den Beigeschmack von Inhumanität: Entlassungen, Arbeitslosigkeit, soziales Abseits. Für Dr. Helmut Hagemann, deutscher Direktor von "McKinsey & Company", einem der weltweit größten Unternehmensberatungsspezialisten, ist Rationalisierung in erster Linie ein Beitrag zur Gesundung und/oder Gesunderhaltung von Unternehmen - mit dem Nebeneffekt der Arbeitsplatzerhaltung. Auch im "Brockhaus" steht geschrieben, daß Rationalisierung und Massenarbeitslosigkeit nicht zwangsläufig identisch sind: "Rationalisierung (lat.) - die Durchführung von Maßnahmen zur Verbesserung bestehender Zustände im Betrieb. Auswirkungen der R.: a) höherer techn. Wirkungsgrad (Technizität, Effektivität), z.B. durch besser ausgebildete Arbeitskräfte, reibungslosere Arbeitsorganisation, b) höherer ökonomischer Wirkungsgrad (Wirtschaftlichkeit, Effizienz), z.B. in geringeren Zeiten oder Kosten und/oder höheren Gewinnen." Mit ähnlichen Worten würde auch Dr. Helmut Hagemann seinen Aufgabenbereich umschreiben. Weil aber der Begriff Rationalisierung in der öffentlichen Meinung nicht unvorbelastet ist, bezeichnet er sich lieber als Unternehmensberater denn als Rationalisierungsexperte.

Der 1938 in Guatemala geborene Sohn eines deutschen Auswanderers wuchs auf der väterlichen Kaffeeplantage auf. Nach der Enteignung als Folge des Zweiten Weltkriegs ging es zurück nach Deutschland, wo Helmut Hagemann nach einer bewegten Nachkriegszeit mit häufigen Ortswechseln das Gymnasium in Lüneburg absolvierte und in Berlin zuerst Architektur, dann Maschinenbau und Betriebswirtschaft studierte, bis er sich für das Wirt-

189

schaftsingenieurwesen entschied. Durch ein Stipendium kam er an die renommierte Harvard-Universität in den USA, wo er durch einen Übersetzungsfehler plötzlich im Fachbereich Volkswirtschaft landete, was zur Folge hatte, daß er nach Klärung des Mißverständnisses fortan beide Studiengänge belegte - allerdings mit dem neuen Schwerpunkt Volkswirtschaft. Auch nach Ablauf des Stipendiums durfte er mit einer Ausnahmeregelung weiterstudieren und sogar in Harvard promovieren - eine Ehre, die nur wenigen ausländischen Studenten zuteil wird. Noch während des Studiums unterrichtete Helmut Hagemann an der Harvard-Universität, jobbte bei einer Versicherungsgesellschaft und schrieb gleichzeitig seine Dissertation. In dieser Phase seines Lebens hätte er ohne ein perfektes Zeitmanagement, ohne ein hohes Maß an Selbstdisziplin und der Fähigkeit zu rationeller Arbeitsweise sein Ziel des erfolgreichen Studienabschlusses nicht erreicht.

Nach Ende des Studiums Mitte der 60er Jahre erhielt Dr. Hagemann ein Angebot von McKinsey - mit dem Auftrag, die deutsche Tochtergesellschaft mit aufzubauen. Wesentliche Aufgaben: die Beratung der Vorstände von Großunternehmen in puncto Organisation, Strategien, Rationalisierung, Produktion, Personal - eben alle Felder im Hinblick auf eine effektive Unternehmensführung. Als Helmut Hagemann bei McKinsey begann, bestand die Gruppe noch aus dreizehn Mitarbeitern. Im Laufe der Jahre wurde ein "Partner-Team" daraus, bestehend aus 50 Partnern, 250 Beratern und weiteren 300 Mitarbeitern. Und Helmut Hagemann avancierte zum Direktor der Gesellschaft und Mitglied der Geschäftsleitung. Auf Titel allerdings legt er keinen Wert: Hierarchische Strukturen mag er einfach nicht. Er schätzt die Zusammenarbeit im Team.

Noch nach nahezu einem Vierteljahrhundert bei McKinsey findet er seine Aufgabe "einen der faszinierendsten Berufe, die man ausüben kann". Sehr abwechslungsreich und vielschichtig sei es, Einblick in die Strukturen von Unternehmen zu bekommen. "Man beeinflußt auf eine sehr entscheidende Weise Unternehmen und auch Menschen", so Dr. Hagemann zur Faszination seines Berufes. Mit Stolz erfüllt ihn, daß in seiner langjährigen Tätigkeit nicht ein einziges der von ihm betreuten Unternehmen Bankrott gemacht hat. Einer Firma aus den "Roten Zahlen" zu verhelfen, ein marodes Unternehmen wieder in die Gewinnzone zu bringen, Arbeitsplätze zu erhalten - darin sieht er das Nutzbringende an seiner Arbeit. Wohl deshalb stört ihn das Wort "Rationalisierung", das sehr häufig in der Öffentlichkeit mit McKinsey in Zusammenhang gebracht wird und in der Wertschätzung recht negativ besetzt ist. "Das Jobkiller-Image hängt unserer Branche ein wenig an", meint er, "obwohl die Rationalisierungsarbeit in der Praxis nur etwa zehn Prozent unserer Aufgaben ausmacht." Spektakuläre Massenentlassungen seien denn auch die Ausnahme. Selbst dann müsse man immer die Gesundung des Betriebes und den Erhalt der Mehrheit der Arbeitsplätze im Vordergrund sehen. "Wenn in einem Unternehmen mit 40.000 Mitarbeitern vielleicht 2.000 Arbeitsplätze verlorengehen, der Betrieb aber dadurch die anderen 38.000 Leute langfristig halten kann - dann ist letzten Endes der Gesamtnutzen größer als der vordergründige Schaden", erklärt Dr. Hagemann seine globale Sicht der Dinge und weist konkret auf die schmerzliche, aber notwendige Umgestaltung in den fünf neuen Bundesländern hin, wo Arbeitslosigkeit zur Gesundung der Volkswirtschaft übergangsweise in Kauf genommen werden muß.

Die wichtigste Aufgabe einer notwendigen Rationalisierung ist seiner Meinung nach, die Motivation der erhaltenen Mitarbeiter zu aktivieren und zu stabilisieren. Nichts sei lähmender für ein Unternehmen in der Krise als Mitarbeiter, die Angst um ihren Arbeitsplatz hätten. Deshalb sei es notwendig, "nach vorn" zu arbeiten, die Zukunftsperspektiven positiv darzustellen - sofern alle gemeinsam an einem Strang ziehen - und damit Ängste abzubauen und innere sowie äußere Widerstände im Betrieb zu überwinden. Es erscheint logisch, daß ein Mitarbeiter, der sich in der persönlichen Verantwortung für einen erfolgreichen Fortbestand eines Unternehmens sieht, engagierter und begeisterungsfähiger ist als einer, der keine Perspektive für sich sieht. Dabei spielt auch die Bereitschaft zur Weiterbildung und Qualifizierung keine unerhebliche Rolle, denn je höher die Qualifikation, desto geringer die Wahrscheinlichkeit einer Entlassung.

Als renommiertes Beratungsunternehmen ist es bei McKinsey &

Company eine Selbstverständlichkeit, vor jeder Maßnahme eine intensive und langfristige Strukturanalyse zu erstellen. Und weil der Name McKinsey als Garant für Erfolg gilt, ist man auch bei den "Top Ten" der deutschen Großunternehmer von Daimler Benz über BMW bis zu BASF und Siemens bis auf die höchste Führungsebene hinauf hochmotiviert zur Zusammenarbeit - ein Zeichen dafür, daß die Macht eines guten Namens überall Gültigkeit hat. Um betriebswirtschaftliche Probleme oder die Abwendung eines Konkurses geht es bei den renommierten Unternehmen so gut wie nie, vielmehr um die Erhaltung ihrer wirtschaftlichen Stärke und Stabilität und um die Steigerung der Effizienz. Langfristige Strategien, nicht nur zur Überlebenssicherung, sondern zur erfolgreichen Behauptung auf dem internationalen Markt, stehen im Vordergrund bei der Dienstleistung am Unternehmen. Das kann im Extremfall sogar die völlige Veränderung der Produktionsschwerpunkte, der gesamten Produktpalette bedeuten, meist jedoch sind es marktorientierte Strategien, um beispielsweise im Kampf um Marktanteile mit der fernöstlichen Konkurrenz mithalten zu können.

"Die große Vielfalt der Aufgaben und das Gefühl, daß man eine ganz wesentliche volkswirtschaftliche Funktion hat" - dies sind Aspekte der Motivation von Dr. Hagemann. Wer einmal bei McKinsey tätig war, dem stehen alle Türen offen, aber ein Vorstandsposten bei einem noch so renommierten Unternehmen würde der pluralistischen und unkonventionellen Arbeitsauffassung des dynamischen Managers wenig entgegenkommen. "Zu eingleisig", findet er lapidar. Im deutschen Management bedauert er die Schwerfälligkeit. "Die Amerikaner sind wesentlich schneller in ihren Reaktionen und viel eher bereit zu einschneidenden Veränderungen", greift er auf seine Erfahrungen in den USA zurück. In Deutschland ist man teilweise zu sehr einem traditionalistischen Denken verhaftet, trennt sich nicht von verlustträchtigen Bereichen. Auf der anderen Seite seien die Deutschen den Amerikanern in puncto langfristiger und strategischer Planung überlegen. Deutsche Gründlichkeit auf der einen, amerikanische Flexibilität auf den anderen Seite - beide für ihn positive Komponenten versucht

192

Helmut Hagemann in seine Beratungsarbeit einfließen zu lassen. Am Herzen liegt ihm auch das Aufbrechen der starren hierarchischen Strukturen in vielen deutschen Unternehmen. Die hiesigen Führungskräfte müßten lernen, daß in den Mitarbeitern das wertvollste Potential liege. Stichwort Mitarbeitermotivation: "Nur wer seinen Mitarbeitern einen Entscheidungsspielraum einräumt, kann sie so weit motivieren, daß sie maßgeblich zum Erfolg des Unternehmens beitragen", sagt Dr. Hagemann bestimmt.

Kreativität und Engagement könnten nur dann freigesetzt werden, wenn sich der Mitarbeiter als wichtiger Teil des Ganzen begreife, als Mensch, auf dessen Leistung und Persönlichkeit es ankomme. Die Zeiten "zentralistischer" Führungspraxis gehörten der Vergangenheit an. Es gehe heute um die wirtschaftliche Behauptung auf einem internationalen Markt. Da gelte es die Leistungsbereitschaft jedes einzelnen zu mobilisieren. Dr. Hagemann nennt als Beispiel die Gruppenbildung in der Automobilindustrie, also die Abkehr vom monotonen Produktionsablauf, bei dem niemand wußte, welche Schraube er für welches Teil gerade eindrehte, und die Hinwendung zum kooperativen, verantwortlichen Arbeiten, mit dem Bewußtsein des persönlichen Beitrags zum Ganzen. Die positiven Folgen dieser Gruppenbildungen seien nicht nur Produktionssteigerung, sondern auch der starke Rückgang kostenintensiven "Krankfeierns" infolge fehlender Selbstverantwortung.

Auf seine Rolle als Motivator seiner Mitarbeiter angesprochen, sagt Helmut Hagemann mit Bestimmtheit: "McKinsey ist das am meisten motivierte Unternehmen, das ich kenne." Jeder Mitarbeiter sehe es als eine grundsätzliche Auszeichnung an, überhaupt für die Gesellschaft zu arbeiten. Dabei muß schon jeder Anfänger die höchsten Voraussetzungen erfüllen, wenn er zu den Auserwählten zählen will: Etwa 5.000 Bewerbungen gehen jährlich bei McKinsey ein. Ohne ein Prädikatsexamen besteht kaum die Chance genommen zu werden.

Hintergrund: Als Nummer 1 bildet das Unternehmen nicht nur die Besten selbst aus, sondern stellt gleichzeitig von Anfang an ein Höchstmaß an Identifikation mit der Firmenphilosophie her. Sechs Jahre dauert jeweils eine Bewährungsphase. Nach der ersten Phase wird man "Partner", nach weiteren sechs Jahren "Seniorpartner". Nur wer diese Schritte erfolgreich meistert, kann bleiben. Und bleiben, nach oben kommen, möchte jeder. Das erstaunt, wenn man die harten Auswahl- und Auslesekriterien berücksichtigt. Aber offensichtlich scheint es allen Mitarbeitern zu gehen wie dem Direktor: Der Aufgabenbereich ist wohl so ungeheuer spannend und vielschichtig, so faszinierend und aufregend, daß es nichts Erstrebenswerteres gibt, als die Karriereleiter zu absolvieren. Nur jeder sechste wird am Ende Partner und jeder zehnte Seniorpartner. Die Elite der Elite bleibt bei McKinsey. Wer gehen muß, zählt dennoch weiterhin zur Elite der deutschen Wirtschaft.

Ein harmonisches Privatleben scheint bei einem Beruf, der nicht nur das Optimale an Leistung und Engagement erfordert, sondern auch sehr zeitintensiv ist, kaum möglich zu sein. Aber auch an diesem Punkt zeigt sich der Top-Manager: Zeit für die Familie hat sich Helmut Hagemann immer genommen. Und trotz seines aufreibenden Berufes hat es für ihn einen sehr hohen Stellenwert, seine drei Kinder heranwachsen zu sehen. "Es ist besser, wenn ein Vater spät, aber ausgefüllt von der Arbeit nach Hause kommt als früh und unausgefüllt", erklärt er sein zeitlich eingeschränktes, aber um so intensiveres Verhältnis zu seiner Familie. Ein beruflich erfüllter Mensch könne jede freie Minute in vollen Zügen genießen, weil er insgesamt zufriedener, glücklicher sei als jemand, der an seiner Arbeit keine Freude habe. "Fast alle Erfolgreichen", meint er nachdenklich, "haben ein glückliches Familienleben. Vielleicht liegt das daran, daß sie die wenige Zeit, die sie haben, sehr gut einteilen und organisieren müssen." Es liegt ihm viel daran, den Kindern seine Lebensmaxime zu vermitteln: "Alles, was man gibt, kommt irgendwie zurück." Er selbst hat in seinem Leben immer wieder erfahren, daß Geben mehr bereichert als ein blindes Streben nach Macht. Er ist von der Kraft des Prinzips "Nutzen bringen" überzeugt.

Wer anderen Mut machen könne, bekomme selbst Mut, wer Vertrauen habe zu anderen, bekomme Vertrauen zurück. Dies hat Helmut Hagemann zu der Auffassung verholfen, daß man im

Leben alles erreichen kann, wenn man will, daß man jede Unterstützung für seine Ziele erhält, wenn man andere unterstützt.

Ähnlicher Ansicht ist Reinhard Mohn, Aufsichtsratsvorsitzender der Bertelsmann AG: "Wenn der Mensch in der Wirtschaft auch ein Mittel zum Zweck ist, dann wäre es schön, er wäre ein Mittel zum eigenen Zweck. Wir müssen hin zur Selbstverwirklichung. Daß wir alle in Abhängigkeiten stehen, bestreitet niemand. Aber wenn wir diese Abhängigkeiten so ausrichten können, daß der einzelne vermehrt das Gefühl hat, das ist auch mein Leben, das sind meine Ziele und Arbeit ist Selbstverwirklichung im Beruf, dann haben wir viel erreicht. Daß die Umsetzung solcher Gedanken im Management nicht einfach ist, das habe ich erfahren. Das ist Knochenarbeit."

# Vertrauen schaffen

## Dr. med. Hilger Brecher, Chefarzt

*Dr. Hilger Brecher, Chefarzt*

## Was erwartet Sie in diesem Kapitel?

Offenheit schafft Vetrauen

Angst nehmen durch Information und Psychologie

Persönlich bereichernd: Wissen weitergeben

Anästhesiologie ist - das kann man offen sagen - kein sehr popu-
läres Gebiet der Medizin. Das gilt für Ärzte und Patienten gleichermaßen. Die jungen Mediziner streben bevorzugt Fachrichtun-
gen an, die weniger technisch ausgerichtet sind.

Für Dr. med. Hilger J. Brecher, Chefarzt für Anästhesiologie
und Intensivmedizin im St. Vincenz- und Elisabeth-Hospital in
Mainz, war die "Narkosemedizin" schon während seines Studiums
ein äußerst spannendes Gebiet. Er entschloß sich zur Facharztausbildung in diesem Bereich, als in Deutschland noch wenig
Ausbildungsmöglichkeiten existierten. In den 50er und 60er Jahren war Anästhesiologie hierzulande eher ein Randgebiet, das von
den Operateuren "so nebenbei" erledigt wurde. Kein Wunder also,
daß Dr. Brechers Entscheidung in den USA fiel, wo damals die
medizinische Entwicklung schon viel weiter fortgeschritten war.
Sein persönliches "Aha-Erlebnis" bestand aus drei Worten: "Open
your eyes!"

"Open your eyes!" sagten die Narkoseärzte an der berühmten
Mayo-Klinik in Rochester noch auf dem OP-Tisch zu einem
frischoperierten Patienten. Für Hilger Brecher, der 1965 als
Gaststudent in den USA weilte, war es eine kleine Sensation, als
die Patienten tatsächlich die Augen öffneten und ansprechbar waren. Während seiner Praktika in Deutschland hatte er es sehr oft
mit "übernarkotisierten" Patienten zu tun gehabt, die sich - so berichtet er - oft Stunden nach der Operation noch im Tiefschlaf be-
fanden und manchmal tagelang nicht so recht von der Narkose-
wirkung erholten.

"Das möchte ich auch können!" stellte der junge Mediziner begeistert nach seinem amerikanischen Aha-Erlebnis fest und entschloß sich zu einer Ausbildung in Anästhesiologie. Derart motiviert schrieb er - zurück in Deutschland - seine Doktorarbeit über ein anästhesiologisches Thema. Die genau abgestimmte Narkosedosierung war sein Ziel. Professor Rudolf Frey F.F.A.R.C.S. von der Uniklinik in Mainz war zu dieser Zeit der erste Ordinarius für Anästhesiologie an einer deutschen Universität. Seine Ausbildungsnachweise zum Facharzt mußte der Professor mangels ausreichender Möglichkeiten in Deutschland allerdings aus England mitbringen. Unter den Fittichen dieses Pioniers begann Dr. Brecher seine Ausbildung.

Auf Initiave seines "Lehrmeisters" ging der junge Assistenzarzt für zwei Jahre nach Südafrika. Am Groote-Schuur-Hospital in Kapstadt arbeitete er u.a. mit dem weltberühmten Herzchirurgen Dr. Christian Barnard zusammen, den er als äußerst gewissenhaften und fachlich wie auch menschlich herausragenden Chirurgen kennen- und schätzenlernte. "Die Größe wirklich großer Leute", so Dr. Brecher, "ist, daß sie frei sind von Allüren." Die persönliche und menschliche Zuwendung für alle Patienten, ob schwarz oder weiß - im Apartheid-Staat Südafrika bemerkenswert - und die enorme, ganz selbstverständliche Kollegialität des Star-Chirurgen haben ihn sehr beeindruckt.

Seine Auslandsaufenthalte waren aber nicht nur beruflich eine Bereicherung für Hilger Brecher. Auch privat hat es ihm immer wieder viel Freude bereitet, neue Eindrücke in anderen Ländern zu sammeln. "Es war eine sehr schöne gemeinsame Zeit mit meiner Frau und unserem ersten Kind", erinnert er sich. Seine älteste Tochter ist übrigens in Pretoria geboren. Dr. Brecher arbeitete auch eine Zeitlang in einer Klinik, in der nur Schwarze behandelt wurden. Und auch hier war er erstaunt über die hervorragende technische Ausrüstung in den Operationssälen, die keineswegs unterhalb des damaligen Standards in Deutschland lag. So fand er beispielsweise an jedem OP-Arbeitsplatz ein EKG-Gerät vor. "So etwas hatte ich vorher als Routineausstattung noch nie gesehen", bekennt er.

Viele der gewonnenen Erfahrungen konnte er nach seiner Rückkehr in Mainz verwerten. So plädierte er dafür, Kindern - wie in Südafrika gesehen - keine Spritze zur Beruhigung vor der Narkose zu geben, sondern das Medikament als Trank zu verabreichen. Die Kinder würden nicht schreien und kämen in einem ruhigen und entspannten Zustand in den OP. Mit dieser Idee stieß er anfangs auf erheblichen Widerstand bei den Kollegen. Erst nach vielen Jahren konnte sich diese orale Prämedikation bei Kindern in Mainz durchsetzen. "Das lernt man, wenn man anderswo ist", erzählt Dr. Brecher, "daß es auch anders, sicher und manchmal sogar besser gehen kann." Aber schon allein durch die Wahl seiner Fachrichtung war er es gewohnt, Widerstände, oft hervorgerufen durch zu geringe Information oder Angst vor dem Neuen, zu überwinden und seine Energie dagegen einzusetzen. Es hat sich immer gelohnt.

Nach seiner Facharztausbildung wuchs in ihm der Wunsch, an einem "schönen, großen Stadtkrankenhaus" zu arbeiten. Die wissenschaftliche Lehrtätigkeit an der Universität reizte ihn wenig. Er bevorzugte die praktische medizinische Tätigkeit - verbunden mit einem Höchstmaß an Sicherheit und Komfort. Mit dem Komfort dauerte es allerdings eine Zeitlang. Das St. Vincenz- und Elisabeth-Hospital - damals noch ein reichlich veraltetes Krankenhaus - wählte ihn von 20 Bewerbern als Chefarzt aus. Mit erst 36 Jahren war er somit einer der jüngsten Chefärzte in Rheinland-Pfalz geworden. Damit hatte das Hospital zwar einen Chefarzt, aber noch keine Abteilung für Anästhesiologie. "Unter abenteuerlichen Umständen", erinnert sich Dr. Brecher, "haben wir diese Abteilung aufgebaut."

Wir - das waren sein Oberarzt-Kollege Dr. Urban und nach einem halben Jahr ein weiterer Oberarzt, Dr. Mildner. Viel später, nach dem Einzug ins neue Krankenhaus und entsprechender Vergrößerung der Abteilung kam als dritter Oberarzt Dr. Polster hinzu. Das erste Abteilungsjahr, 1976, war eine echte Pionierphase. Drunter und drüber sei es gegangen in dieser Zeit. Operativ tätige Kollegen hatten bis dahin die Narkosen untereinander verteilt. "Da eine Struktur hineinzubringen - das war bedeutend mehr Aufbauarbeit als in den Außenkliniken von Südafrika", lacht Hilger Brecher im nachhinein. Damals allerdings war es ein harter Kampf. Denn auch hier mußten verkrustete Strukturen, Hindernisse, bürokratische und organisatorische Blockaden Schritt für Schritt überwunden werden. Fortschritte, Rückschritte und Stillstand wechselten sich ab in dieser Aufbauzeit.

Vier Jahre lang wurde in dem überalterten Gebäude mit viel Improvisation und persönlichem Engagement gearbeitet. Die Erfahrungen der täglichen Praxis konnten schließlich in die Gestaltung und Organisation des OP-Bereichs im Neubau einfließen. Heute ist im St. Vincenz-Hospital jeder Operationssaal völlig identisch eingerichtet und strukturiert. Die Medikamente, die Geräte, das gesamte Narkosezubehör befinden sich immer, in jedem OP, am gleichen Platz. So können sich alle Mitarbeiter sofort in jedem Raum zurechtfinden.

Für Dr. Brecher war und ist es immer wichtig, Erfahrungen in Planungen einfließen zu lassen - auch die Erfahrungen aus Mißerfolgen. Er sieht seinen Verantwortungsbereich als ständigen Kreislauf aus Planung, Organisation, Leistung, Koordination und erneuter Planung. In der Kontrolle - auch in der Selbstkontrolle - sieht er die Chance zu einem effektiven Soll-Ist-Vergleich, der in die nächste Planung wieder einfließen müsse. Besser machen, was besser geht - lautet die Chefarzt-Devise.

Als Vorgesetzter ist es sein Anspruch, sich die Namen aller Mitarbeiter einzuprägen. "Jeder Student, jede Schwesternschülerin soll sich persönlich angesprochen fühlen", erklärt er. Die Bedeutung des Namens für die Motivation der Mitarbeiter hat er während seiner Auslandsaufenthalte kennengelernt und im Seminar "Der erfolgreiche Weg", an dem er regelmäßig teilnimmt, bestätigt gesehen. Auch die Patientennamen versucht er sich weitgehend zu merken. Er sieht dies als Beitrag zum Aufbau eines Vertrauensverhältnisses zwischen Arzt und Patient an. "Fast alle Menschen haben Angst vor einer Operation", berichtet er aus seiner alltäglichen Praxis. Seinen wichtigsten Auftrag sieht er darin, die Ängste der Patienten abzubauen. "Wir müssen den Leuten klarmachen, wie sicher sie bei uns sind." Auch hier hat er es mit Widerständen, hervorgerufen durch Angst und mangelnde Information, zu tun.

Und auch hier sieht er wieder die Herausforderung zur Überwindung.

Als Kind wollte Dr. Hilger Brecher eigentlich Pilot werden. Die Technik im Flugzeug-Cockpit und das Bewußtsein, diese Technik zu beherrschen, verbunden mit einem hohen Maß an Verantwortung und schneller Entscheidungsfähigkeit, haben ihn immer gereizt. Weit entfernt von diesem Jugendtraum sieht er seinen heutigen Beruf nicht. Auch ein Anästhesist muß eine Vielzahl von technischen Geräten perfekt beherrschen und in Sekundenschnelle richtige Entscheidungen treffen können - und viele Sicherheitsmaßnahmen im OP könnten auch von einer seriösen Fluggesellschaft verordnet sein. In der Beschreibung seiner Tätigkeit spricht Dr. Brecher öfter von "Checks" oder "Checklisten" - Vokabeln, die für einen Laien nicht unbedingt mit dem Arztberuf zusammenhängen.

Eine dieser sogenannten "Checklisten" ist ein Fragebogen, den die Patienten vor der Operation ausfüllen müssen. Eine weitere "Sicherheits-Checkliste" gibt es auch für die routinemäßige Überprüfung der Narkosegeräte vor jeder Operation. Selbst bei einer Regionalanästhesie muß immer ein funktionsfähiges Beatmungs- und Narkosegerät in Handreichweite zur Verfügung stehen, auch wenn es für die "lokale" Betäubung prinzipiell nicht benötigt wird. Der routinemäßige Geräte-Check mehrmals täglich durch Techniker, Pfleger und Ärzte soll einen höchstmöglichen Sicherheitsstandard garantieren. "Sicher kann in seltensten Fällen etwas passieren", erläutert Dr. Brecher das "Restrisiko" bei der Narkose, "aber es darf niemals etwas passieren aufgrund einer nicht erfolgten Kontrolle. Was getan werden kann, muß auch getan werden."

In der Mainzer Klinik wird neben der üblichen Vollnarkose auch die Regionalanästhesie angewandt, bei der die zu operierenden Körperteile durch örtliche Betäubungsmittel schmerzfrei gehalten werden, der Patient aber während des Eingriffs bei Bewußtsein ist. Etwa 40 Prozent der Patienten Dr. Brechers entscheiden sich mittlerweile für die kreislaufschonende Regionalanästhesie. Gerade diese Methode erfordert jedoch ein hohes Maß an Zuwendung und psychologischem Einfühlungsvermögen. Hier spürt der Arzt am deutlichsten, wie durch persönliche Betreuung Ängste abgebaut werden können.

Die Betreuung beginnt für Dr. Brecher bereits am Tag vor der Operation - wenn er die Patienten im Krankenzimmer besucht und ein kurzes, aber intensives Vorbereitungsgespräch auf der Grundlage der ausgefüllten Patienten-Checkliste mit ihnen führt. "Zuerst muß eine persönliche Brücke hergestellt werden", erläutert er diesen wesentlichen Faktor in der Operationsvorbereitung. "Das Gespräch soll Vertrauen aufbauen. Ich persönlich versuche, den Patienten ganz ruhig zu informieren, ihm mit sachlichen Erklärungen über den Narkoseablauf die Angst zu nehmen." Eine Viertelstunde reicht dem erfahrenen Praktiker dafür aus. "Entweder ich habe einen Patienten in einer Viertelstunde überzeugt und Vertrauen aufgebaut - oder ich schaffe es nie", sagt er überzeugend. "Sich im Detail zu verlieren schafft keine größere Vertrauensbasis. Im Gegenteil - es verwirrt nur und macht unsicher."

Es wird deutlich, daß Dr. Brecher die Ängste seiner Patienten sehr ernst nimmt und daß er vor allem die Menschen respektiert. Deshalb überredet er auch niemanden zu einer bestimmten Anästhesiemethode. Er ist überzeugt, daß die Leute durch sachliche und präzise Informationen selbst die Entscheidung treffen können über Voll- oder Teilnarkose. 8.000 Narkosen im Jahr - besteht da nicht die Gefahr von Nachlässigkeit? Lächelnd kommt Dr. Brecher wieder auf seinen Piloten-Vergleich zurück. Je routinierter der Pilot, desto sicherer sei es schließlich, mit ihm zu fliegen. Und je erfahrener und routinierter ein Narkosearzt, desto weniger bestehe die Gefahr von Fehlentscheidungen oder Unsicherheiten. Zudem verhindere der routinemäßige Sicherheits-Check Nachlässigkeiten im Cockpit wie im OP.

Doch alle Routine und selbst der höchste Sicherheitsstandard können nicht darüber hinwegtäuschen, daß man sich auf dem Operationstisch hilflos und ausgeliefert fühlt. Dr. Brecher ist verständnisvoll genug, um sich dieser Situation bewußt zu sein. Deshalb sei die persönliche Betreuung auf dem Weg zur Operation ganz besonders wichtig. "Wir möchten, daß der Patient, wo immer er sich im OP-Trakt befindet, eine Bezugsperson hat, einen Menschen, der für ihn da ist und mit dem er reden kann", erklärt Dr. Brecher seine Vorstellung von persönlicher Zuwendung. Eine Schwester der Station begleitet den Patienten direkt zum OP-Bereich. Dort wird er von einem Pfleger in Empfang genommen, der ihn begrüßt und beruhigend mit ihm redet. Die Pfleger und Schwestern im OP-Trakt sind nach Kriterien wie Freundlichkeit, vertrauenseinflößendes Wesen, ruhige Ausstrahlung und ähnliches ausgewählt worden.

Der Pfleger begleitet den Patienten in den OP-Raum, wo er vom Anästhesie-Team in Empfang genommen wird. Hier werden noch einmal alle wichtigen Fragen behandelt. Bei sehr ängstlichen Patienten werden auch manchmal die sterilen Masken kurz abgenommen, damit der Anästhesist wiedererkannt werden kann. Dr. Brecher möchte den Patienten das Gefühl geben, daß zwar sehr viel Technik für eine Operation notwendig ist, das OP-Team diese Technik aber beherrscht, ohne daß die menschliche Seite zu kurz kommt.

Was den Umgang des Chefarztes mit seinem Team betrifft, so ist vor allem die ruhige und ausgeglichene Atmosphäre zu bemerken, in der sich Chef und Mitarbeiter begegnen. Nicht Befangenheit, sondern Offenheit und Respekt prägen den gegenseitigen Umgang. Dr. Brecher sieht sich selbst in keiner Weise als "Halbgott in Weiß" und möchte auch von anderen nicht als solcher gesehen werden. Er ist Arzt - mit etwas mehr Verantwortung als andere -, das genügt. Die Existenz und Notwendigkeit einer gewissen Hierarchie im Klinikbetrieb bestreitet er jedoch keineswegs. Schließlich habe er als Chefarzt - wie auch sein Stellvertreter während seiner Abwesenheit - Verantwortung zu tragen, von der das Leben und die Gesundheit der Patienten abhänge. Einiges könne delegiert werden, aber die Führungs- und Kontrollaufgaben müßten in einer einzigen Hand liegen - und das sei in diesem Fall die seine.

Allerdings erwartet er von seinen Mitarbeitern auch Eigenkompetenz und -verantwortung. Denn auch der Chefarzt kann nicht in jedem Moment anwesend sein. Ein Klinikbetrieb muß aber zu jeder Tages- und Nachtzeit funktionieren. Gerade, wenn man als "oberster Verantwortlicher" seinen Kopf hinhält, muß man sich auf seine Mitarbeiter voll und ganz verlassen können. "Man muß ganz klare Leitlinien und Anweisungen für junge Kollegen haben", sagt Dr. Brecher, "was sie selbst verantworten können und wann sie die nächsthöhere Instanz einschalten müssen." Als Chef möchte er auf jeden Fall das Beste für seine Mitarbeiter. Dazu gehört auch, daß niemand mit Verantwortungen belastet wird, die er eigentlich aufgrund von Erfahrung und Ausbildung nicht übernehmen dürfte. Die Sicherheit müsse im Interesse der Patienten immer Vorrang haben.

Ein Leitsatz, den er - wie vieles in seinem Leben - dem amerikanischen Lebensstil abgewonnen hat, hat eine ganz besondere Bedeutung für die berufliche Grundeinstellung Dr. Brechers: "See one, do one, teach one" - sehen, ausprobieren, weitergeben. Durch Zusehen hat er seine ersten nachhaltigen Eindrücke gewonnen ("Open your eyes"), die ihn schließlich zu seiner beruflichen Entscheidung motiviert haben; durch Ausprobieren und seine große Lern- und Aufnahmebereitschaft ist er schon in jungen Jahren Chefarzt geworden. Aber das wirklich Bereichernde ist für ihn persönlich das Weitergeben von Erfahrungen und Wissen.

"Alles, was wir weitergeben an junge Kollegen, kommt zurück", sagt er bestimmt. Er sieht es als Kompliment und nicht als Bedrohung an, wenn einer seiner jüngeren Ärzte in manchen Dingen besser ist als der "Ziehvater". "Die Abteilung muß so gut sein, daß die Ärzte alles genauso gut können wie ich und einiges sogar besser", meint er - und augenzwinkernd fügt er hinzu: "Nur ich muß den großen Überblick bewahren." Den Überblick bewahrt er unter anderem durch regelmäßge Besuche von Fortbildungsveranstaltungen. Gerade seine Kontakte zu den Vereinigten Staaten möchte er aufrechterhalten. Wenn es zeitlich möglich ist, geht er jedes Jahr in die USA, um am Treffen der Anästhesisten aus der ganzen Welt teilzunehmen. Der Grund: "Als Chefarzt sollte man sich immer über die neuesten Entwicklungen in der Anästhesie auf dem laufenden halten."

Als oberste Leitlinie seiner Abteilung gilt, daß in Deutschland kein Anästhesie-Symposium oder -Kongreß stattfindet, ohne daß ein Oberarzt oder er selbst anwesend ist. Zu Kongressen oder Meetings wird er oft von seiner Frau begleitet. Frau Brecher ist selbst Arzttochter und kommt - trotz der vier Kinder - nach Aussage ihres Mannes hervorragend mit dessen zeitlich und persönlich sehr aufreibenden Beruf zurecht. "Ich glaube, wenn eine Frau Verständnis hat und mit diesem Beruf sogar richtig mitleben kann, dann ist das ein großer Vorteil", sagt Hilger Brecher voller Anerkennung und Bewunderung für seine Frau. Die gemeinsamen schönen Erlebnisse, wie z.B. der Aufenthalt in Südafrika, verbinden das Ehepaar Brecher. Dr. Brecher versucht, trotz seiner 60- bis 90-Stunden-Woche, ein harmonisches Familienleben zu führen und so viel Zeit wie möglich zu Hause bei der Ehefrau und den Töchtern zu verbringen. "Man muß nicht endlos in der Klinik sein", meint er. "Wenn man seine Zeit richtig plant und sich für die Dinge Zeit nimmt, die wichtig sind, dafür die unwichtigeren auch einmal beiseite schiebt, dann kann das auch funktionieren."

Bisher hat er in jedem Jahr seinen vollen Jahresurlaub in Anspruch nehmen können, ebenso wie alle Ärzte in seiner Abteilung. Dr. Brecher ist davon überzeugt, daß dies in erster Linie eine Frage des Managements ist. "Wenn manche Ärzte sagen, sie könnten nie Urlaub machen, dann sage ich mir: Vielleicht stimmt es nur mit dem persönlichen Management nicht ganz", sagt er nachdenklich. Er möchte, daß seine Kinder ein harmonisches Familienleben erfahren, denn: "Die Kinder möchten auch ihre Eltern haben."

Alles in allem ist es nicht verwunderlich, daß sich Dr. Brecher - in Erinnerung an seine Zeit in Amerika - den Satz "Let's make the best of it" zu seinem Lebensmotto erkoren hat. Auch aus weniger idealen Situationen und allen Hindernissen zum Trotz das Beste herausholen - daran hat er sich immer gehalten, ob unter spartanischen Bedingungen im Ausland oder während der Improvisationsphase im alten St. Vincenz-Hospital.

Hat ein Mann, dessen Karriere so souverän und wunschgerecht verlaufen ist, überhaupt noch Pläne für die Zukunft? "Aber natürlich", meint er leidenschaftlich. Sein wichtigstes Ziel, so erklärt er, sei, das Berufsbild des Anästhesiologen durch gezielte PR-Arbeit populärer zu machen. Immerhin sei hier eine Menge nachzuholen, wenn man bedenke, daß es in Deutschland erst seit etwa Mitte der 60er Jahre eine Fachgesellschaft für Anästhesiologie gebe. In Form regelmäßiger interdisziplinärer Informationsveranstaltungen (Geburtshilfe und Anästhesie) für werdende Mütter arbeitet er daran, Unsicherheiten und Ängste in der Bevölkerung abzubauen und die Anästhesiologie als einen ganz normalen medizinischen Fachbereich darzustellen. "Eine schwierige Aufgabe", bekennt er, aber er ist davon überzeugt, daß durch sachliche und offene Aufklärungsarbeit viel erreicht werden kann. Vertrauen entsteht für ihn durch Offenheit. So denkt er nicht nur, so handelt er auch - jeden Tag.

# Der Zeit voraus

## Rolf Gerich, Oberbürgermeister

*Rolf Gerich, Oberbürgermeister*

**Was erwartet Sie in diesem Kapitel?**

Ehrentitel "Schlitzohr"

Zielstrebigkeit und Gelassenheit geben Kraft

Progressivität siegt


"Er schreckt nicht davor zurück, die Landesregierung zu beschimpfen, wenn es nicht so läuft, wie er es sich vorstellt." Mit diesen Worten beschrieb einmal Lothar Späth, ehemaliger Ministerpräsident von Baden-Württemberg, den Oberbürgermeister von Weingarten, Rolf Gerich. Wenn es um die Interessen seiner Stadt geht, hat der parteilose Schwabe noch nie alle ihm zur Verfügung stehenden Mittel und Wege gescheut.

Wiederholte Finanzklagen gegen das Land brachten ihm den Ruf ein, ein Unbequemer zu sein, aber auch ein Schlitzohr, dem man Respekt und Hochachtung entgegenbringt. Rolf Gerich selbst sieht die Bezeichnung "Schlitzohr" durchaus als Ehrentitel an. Doch Schlitzohrigkeit ist für ihn nie nur Mittel zum Zweck. Vielmehr sieht er sich als Oberbürgermeister in allererster Linie den Bürgern seiner Stadt verpflichtet. Und in deren Interesse waren für ihn ein paar Tricks und listige Manöver im Hinblick auf ein erstrebenswertes Ziel durchaus vertretbar.

Mit einem "Schwabenstreich" allererster Güte erreichte er nach vielen Rückschlägen, daß im Juni 1989 endlich sein Projekt verwirklicht werden konnte - das Kultur- und Kongreßzentrum Oberschwaben mit einem angegliederten Mövenpick-Konferenzhotel wurde in Weingarten eröffnet. So etwas war bis dahin noch keinem Oberbürgermeister einer Stadt mittlerer Größe gelungen. Bis es soweit war, mußte Gerich jedoch viele Widerstände aus dem Weg räumen. Zunächst wurde ihm von Mövenpick mitgeteilt, daß Städte unter 500.000 Einwohnern für den Konzern nicht interessant seien. Aber der hartnäckige Oberbürgermeister gab nicht auf. "Ich war fest davon überzeugt", erinnert sich Rolf Gerich, "daß ich in einem persönlichen Gespräch alles klarmachen würde." Es kam also nur darauf an, mit dem schweizerischen Konzernchef Ueli Prager in Kontakt zu treten. Gerich erfuhr, daß sich Prager im Sommer 1987 in einer nur 50 Kilometer von Weingarten entfernten Klinik am Bodensee erholte.

Zunächst ließ Gerich eine Flasche Sekt auf Pragers Zimmer bringen - zusammen mit vielen Informationen, Prospekten und Unterlagen über Weingarten. Danach vereinbarte er einen Termin und holte den Mövenpick-Präsidenten schließlich persönlich ab. "Er glaubte, ich sei der Fahrer, und ließ mich erst einmal 1 1/2 Stunden warten", schmunzelt Gerich. Dem verdutzten Passagier pries er in einer einstündigen Stadtrundfahrt die Vorzüge Weingartens. Sein Vortrag war mit Erklärungen der geschichtlichen und wirtschaftlichen Entwicklung der Stadt gespickt. Erst dann rückte er mit seinem eigentlichen Anliegen heraus.

Prager zeigte sich beeindruckt, sowohl von der Stadt als auch von der unorthodoxen Verhandlungstaktik des Oberbürgermeisters, dessen Begeisterung so ansteckend war, daß sich selbst ein Profi geschlagen geben mußte. Bereits auf der Rückfahrt gab er sein zu diesem Zeitpunkt doch recht unerwartetes "O.k.".

Die Freude über den gelungenen Streich wich allerdings schnell einer großen Ernüchterung. Denn die vornehme Hotelkette investiert nicht - sie läßt investieren. Mövenpick war zwar bereit, den guten Namen und das Management zur Verfügung zu stellen, aber die Stadt Weingarten sollte den Bau und die Finanzierung des Projektes übernehmen. Eine Gemeinschaftsfinanzierung durch zahlungskräftige und investitionsfreudige Privatleute sollte das Problem lösen.

Wegen des großen Börsenkrachs im Oktober 1987 mußten die Zusagen jedoch zurückgezogen werden. Doch Gerich gab nicht auf. Mit persönlichem Aufwand, vielen Gesprächen und einem Höchstmaß an Überzeugungsarbeit trommelte er über 80 Privatpersonen zusammen, die als Gesellschafter in das Großprojekt investierten. Auch vor Tricks scheute er nicht zurück: Um die Kleinanleger nicht zu beunruhigen, gab er an, daß Mövenpick vorhabe, sich mit einer Million Mark an der Finanzierung zu beteiligen.

Das überzeugte zwar, war aber schon insofern reine Spekulation, da Prager lediglich bereit war, eine halbe Million Mark beizusteuern, und das auch nur als Zugeständnis an den Oberbürgermeister.

Als schließlich gerade noch eine Million Investitionskapital fehlte, nahm Gerich den Mövenpick-Chef zur Seite und erklärte ihm: "Es fehlt nur noch Ihre Million, die ich von Anfang an von Ihnen erwarten mußte. Ich habe allen Investoren Ihre Beteiligung in dieser Höhe zugesagt." Und siehe da - nach 13 Stunden zäher Verhandlungen wurde die Million bewilligt. Doch auch mit diesem Erfolg war der Schwabenstreich noch nicht abgeschlossen. Kurz vor Vertragsabschluß und der entscheidenden Sitzung des Gemeinderates zog einer der Gesellschafter seine 400.000-Mark-Investition wieder zurück. Innerhalb des einen verbliebenen Wochenendes gelang es Rolf Gerich mit seiner persönlichen Überzeugungskraft das Finanzierungsloch wieder zu stopfen. Inzwischen zeigte auch Mövenpick offene Begeisterung für das Gemeinschaftsprojekt. Präsident Prager rühmte das Verhandlungsgeschick und die Überzeugungskraft des Weingartener Stadtoberhauptes, vor allem aber dessen unerschütterlichen Glauben an eine gemeinsame, erfolgreiche Zukunft.

Sowohl das Konferenzhotel als auch das Kultur- und Kongreßzentrum konnten schon lange vor der offiziellen Inbetriebnahme mit einer langen Liste von Vorbestellungen aufwarten, die alle Erwartungen übertrafen. Von seiten des Unternehmens Mövenpick war zu erfahren, daß noch keines ihrer neueröffneten Hotels so gut angelaufen war.

Die Vorteile des Zentrums für die Stadt Weingarten sind unbestritten. Durch die Übernahme von Verwaltung und Betrieb der städtischen Einrichtung durch den Hotelkonzern können öffentliche Gelder eingespart werden, die wiederum dem Etat für andere Zwecke zugute kommen. Das Zentrum steht den Bürgern zur Verfügung. "Diesen Nutzen kann man wie alles im Kulturbereich nicht mit Zahlen messen", findet Rolf Gerich. "Heute sind alle Bürger stolz auf das Ergebnis", freut er sich. "Auch die damaligen Kritiker des Planes."

Kaum zu glauben, daß Rolf Gerich nach eigenem Bekunden

210

früher ein eher schüchterner, ja fast verklemmter Mensch gewesen sein soll, dem es an Selbstbewußtsein und Ehrgeiz gemangelt hat. In meinem Seminar entwickelte er Zielstrebigkeit und Gelassenheit. Dies hat ihm die Kraft für den harten Weg gegeben und die Zuversicht, daß er es schaffen würde. Gerich arbeitet systematisch an seiner Persönlichkeit, und sein offener Führungs- und Verwaltungsstil hat ihm bei Bürgern und Mitarbeitern gleichermaßen ein Höchstmaß an Popularität und Respekt eingebracht. Seit mehr als 17 Jahren ist er nun Oberbürgermeister, und seine regelmäßige Wiederwahl durch die Bürger ist dem parteilosen 63jährigen Maßstab für seinen Erfolg. Mit Charisma und Gelassenheit, Humor und Charme hat er die manchmal als etwas spröde und stur bezeichneten Oberschwaben auf seine Seite gebracht - und schließlich auch einen professionell und ökonomisch denkenden Konzernchef überzeugen können.

"Natürlich habe ich mit taktischen Kniffen gearbeitet", beurteilt Rolf Gerich rückblickend seinen Mövenpick-Streich, "aber ich habe niemanden über's Ohr gehauen, sondern im Interesse aller gehandelt." Faule Tricks würde er sich niemals zugestehen, das würde seine schwäbische Moral gar nicht zulassen. Er will mit Fairneß und Offenheit seine Wähler überzeugen. Doch ohne eine langfristige Strategie, ohne ein großes Ziel, das er mit System, Durchsetzungskraft und Willensstärke über viele Jahre nicht aus dem Auge verloren hat, hätte er dies alles wohl nicht erreichen können. "In einer Stadt mit so geringer Steuerkraft wie Weingarten", sagt Rolf Gerich, "kann man sich Irrtümer einfach nicht erlauben. Fehlplanungen sind da einfach nicht drin. Da wäre ich ganz schnell weg vom Fenster." Als Oberbürgermeister ist es für ihn eine Selbstverständlichkeit, über einen Zeitraum von etwa zehn Jahren vorauszudenken und zu planen. Schon heute steht die Zukunft der Stadt bis über das Jahr 2000 hinaus als Vision für ihn fest. Und wer Rolf Gerich kennengelernt hat, weiß, daß er alles daransetzen wird, seine Vision zu realisieren.

Auch ein Oberbürgermeister kann einer Stadt alle Ehre machen. Rolf Gerich und Weingarten - das ist eine Institution, bei der der eine ohne das andere gar nicht mehr vorstellbar wäre.

# Die Persönlichkeit ist entscheidend

## Jürgen Half, Unternehmensberater

*Jürgen Half, Unternehmensberater*

## Was erwartet Sie in diesem Kapitel?

Auf der Suche nach Führungskräften

Der erste Eindruck ist entscheidend

Erfolg bedeutet Arbeit an der Persönlichkeit

Was erwarten Unternehmen von Führungskräften? An den Manager werden heute sehr hohe Anforderungen gestellt, nicht nur fachlich, sondern auch persönlich, moralisch und menschlich. Gibt es die ideale Führungskraft überhaupt, und was muß sie mitbringen? Was hat sich verändert im Laufe der letzten Jahre? Der selbständige Personalberater Jürgen Half, Partner der Baumann Unternehmensberatung in Frankfurt, sieht seine Aufgabe eigentlich recht nüchtern: "Wir bieten Unternehmen unsere Dienstleistung an." Dazu gehört in erster Linie die Hilfe bei der Suche nach dem richtigen Mann (oder der richtigen Frau) für eine bestimmte Position.

Sicher hat jedes größere Unternehmen für diesen Zweck eine eigene Personalabteilung, aber, so der Fachmann Half, die Arbeit in den Personalabteilungen sei heute zum Leidwesen vieler im großen Maße eine verwaltungstechnische Sache, so daß kaum Zeit bleibe für intensive Bewerbungsgespräche. Da geht es um das Führen von Personalakten, die Einhaltung des Betriebsverfassungsgesetzes, die Einstellungen von Mitarbeitern, die Ausstellung von Zeugnissen, es geht um Tarifprobleme und vieles mehr. Die Einstellung einer Führungskraft ist aber ohne erheblichen Zeitaufwand gar nicht möglich. Auch kann man sich an diesem Punkt Mißerfolge kaum leisten: Eine ungeeignete Telefonistin läßt sich eben mit weit weniger Aufwand ersetzen als ein Verkaufsleiter, der sich nach langer, kosten- und zeitintensiver Einarbeitung als ein Flop erweist.

Außerdem, so Jürgen Half, habe zwar ein Personalchef eine Menge Erfahrung bei der Einstellung und Beurteilung von Mitarbeitern auf der unteren und mittleren Ebene, aber eine Führungskraft werde vielleicht nur ein- oder zweimal im Jahr eingestellt. An diesem Punkt haben die externen Personalberater, die ständig mit Führungskräften zu tun haben und sich immer an den Anforderungen des Marktes orientieren, einen klaren Kompetenz- und Erfahrungsvorsprung. Jürgen Half sieht darum in seiner Tätigkeit keine Konkurrenz, sondern vielmehr eine Ergänzung zu den klassischen Aufgaben einer Personalabteilung. Auf der Grundlage einer effektiven Personalpolitik wird das gemeinsame Ziel angestrebt, die richtige Person für die vakante Position zu finden.

Dazu gehört in erster Linie das berühmte Quentchen Fingerspitzengefühl, denn schon bei der Stellenanzeige müssen die richtigen Leute angesprochen werden, bei der Vorauswahl sollte man den "Riecher" für die Besten haben und bei der Entscheidung zu einem klaren und präzisen: "Das ist der Richtige!" finden. Diesen Instinkt hat sich Jürgen Half zum einen während seiner langjährigen Tätigkeit in Führungspositionen der Industrie und als Personalberater erworben, zum anderen durch kontinuierliche Fortbildung.

So hat er nach eigenem Bekunden sehr viel in meinen Seminaren und denen von Samy Molcho gelernt, vor allem, was die Bewertung der Körpersprache und die Bedeutung des ersten Eindrucks betrifft. "Herr Enkelmann hat recht", erzählt er. "Die ersten sieben Sekunden sind die entscheidenden." Ein Bewerber, der auf den ersten Blick negativ wirke, sei es durch Mimik, Auftreten, Kleidung oder Haltung, habe es sehr schwer, diesen Eindruck später zu revidieren. Und umgekehrt: Ein sympathisches Auftreten könne manchmal ein paar fachliche Nachteile wettmachen. "Die meisten Menschen wissen nichts oder nur wenig über die Bedeutung des ersten Eindrucks", meint Jürgen Half. Das gelte für Bewerber wie für Beworbene: "Manchmal weiß ein Firmenchef selbst nicht, warum er sich so vehement für einen bestimmten Bewerber eingesetzt hat, obwohl ein anderer vielleicht die bessere Qualifikation hatte." Der Personalberater sieht in solchen Momenten die Theorien der Rhetorik- und Körpersprache-Seminare voll bestätigt.

Jürgen Half hat im Laufe seiner Tätigkeit Situationen erlebt, die

214

deutlich machen, wie entscheidend solche von vielen Menschen als Äußerlichkeiten oder Nebensächlichkeiten abgewerteten Details sein können. So kann es einem Bewerber - wie schon vorgekommen - passieren, daß er noch vor dem Gespräch wieder nach Hause geschickt wird, wenn er nachlässig gekleidet und mit schlechten Umgangsformen die Position eines Geschäftsführers antreten möchte. "Er soll schließlich die Firma repräsentieren", erklärt Half. "Da kann er noch so qualifiziert sein - mit einem solchen Auftreten ist er von Anfang an unten durch. Also können wir uns ein weiteres Gespräch sparen." Natürlich komme es immer auf die Position an. In Werbeagenturen gehe es häufig wesentlich legerer zu als in der Großindustrie. Da kann es durchaus sympathisch wirken, wenn sich eine Führungskraft locker gibt, aber repräsentative Funktionen in Industrie und Verkauf setzen ganz einfach ein korrektes, ja sogar ein vorbildliches Auftreten voraus. Jürgen Half: "Wie kann jemand etwas verkaufen, wenn er sich nicht einmal selbst verkaufen kann?"

Verkaufen ist für ihn das wesentliche Element des Wettbewerbs. Jedes Unternehmen verkaufe heute etwas, sei es ein Produkt oder eine Dienstleistung. Auch Half muß sich verkaufen: "Ich biete meine Dienste an, und ich muß das, wenn ich erfolgreich sein will, überzeugend tun." Ein positives Ergebnis, also eine Zusammenarbeit mit dem Unternehmen, hängt ganz entscheidend vom Vertrauen ab, das ein Klient in ihn setzt. Da spielt die Persönlichkeit eine große Rolle. "Ziel ist", formuliert es Jürgen Half, "daß der potentielle Auftraggeber davon überzeugt wird, daß ich es bin, der sein Personalproblem lösen kann. Das ist eine reine Vertrauenssache." Und auch hier besteht er aufgrund seiner Erfahrung darauf: "Ob wir zusammenkommen oder nicht, hängt von den ersten sieben Sekunden ab."

Weil er genau weiß, wie entscheidend der erste Eindruck ist, arbeitet Jürgen Half konsequent an seiner Persönlichkeit, reflektiert und überprüft seine eigene Wirkung auf andere. Wer andere einschätzen will, muß sich auch selbst einschätzen können. Und wer andere einschätzen kann, weiß auch, wie er selbst auf andere wirkt. Dabei gilt es auch, innere Widerstände zu überwinden.

Denn wer gibt schon gern zu, daß seine Wirkung auf andere auch negativ sein könnte? Jürgen Half hat die Erfahrung gemacht, daß er in einer Lebenskrise über einen längeren Zeitraum hinweg kaum Auftraggeber gewinnen - das heißt von sich überzeugen - konnte. Erst eine kritische Selbstüberprüfung führte ihn zu dem Ergebnis, daß er selbst, daß seine wenig positive Ausstrahlung dafür verantwortlich war. Er glaubt fest daran, daß es jeder Mensch selbst in der Hand hat, andere von sich zu überzeugen. Seine Fähigkeit, andere einschätzen zu können, resultiert sicher zum einen aus seiner Erfahrung, zum anderen aber auch aus der Arbeit an sich selbst.

Durch seine Menschenkenntnis hat er z.B. einen Instinkt für ein großes Problem in fast allen Firmen entwickelt: den Alkoholismus. Nicht ohne Stolz behauptet er: "Ich kann heute die meisten Menschen mit Alkoholproblemen sofort erkennen." An den zitternden Händen und der Gesichtshaut sieht der erfahrene Menschenkenner auf den ersten Blick, ob sein Gegenüber zu tief ins Glas schaut.

Einem routinierten Personalberater, findet Jürgen Half, könne man vielleicht beim ersten Gespräch noch etwas vormachen, aber schon beim zweiten, spätestens jedoch beim dritten Kontakt treten die verborgenen Schwächen offen zutage. "Heute sind bei der Einstellung einer Führungskraft mindestens zwei Gesprächstermine zur Entscheidungsfindung notwenig, in der Regel sogar drei", erklärt Half. Insgesamt hat sich heute einiges verändert, wenn es um die Einstellung von Führungskräften geht. So hat z.B. die klassische Form der schriftlichen Erstbewerbung fast ausgedient. Dazu Jürgen Half: "Die Erfahrung hat gezeigt, daß sich wirklich kompetente Bewerber zuerst einmal telefonisch melden und sich informieren."

Wer gleich seine kompletten Bewerbungsunterlagen verschicke, tue dies meist nicht zielgerichtet, sondern eher pauschal. "Unsere Zielgruppe sind nicht diejenigen, die jede Woche ihre Bewerbungsunterlagen im Stil von Postwurfsendungen verschicken", erläutert Jürgen Half. "Wir wollen die heute beruflich erfolgreichen Menschen in wirtschaftlich gesicherten Positionen anspre-

216

chen, die es eigentlich nicht nötig haben, eine neue Stelle zu suchen." Diese Leute seien es im Zeitalter der Telekommunikation aber gewohnt, ihre Angelegenheiten telefonisch zu regeln, weil sie gelernt haben, ihre Zeit effektiv zu nutzen und überflüssigen Aufwand zu vermeiden.

Bereits die Gestaltung der Stellenanzeigen mit dem großen Telefonhörer, der für die Baumann-Annoncen typisch ist, motiviert die Bewerber zur telefonischen Kontaktaufnahme. Und genau das will die Unternehmensberatungs-Gesellschaft auch erreichen. Denn am Telefon wird eine erste Vorauswahl getroffen - von beiden Seiten. Diskretion ist dabei für die Personalberater oberste Pflicht. Am Telefon wird weder der Name des Unternehmens verraten noch den Unternehmen die Namen der Bewerber mitgeteilt. Erst nach einem positiven Eindruck am Telefon und wenn der Bewerber weiterhin Interesse an der Position zeigt, kommt es zur offiziellen, schriftlichen Bewerbung.

Die Bewerber, die in die engere Wahl kommen, werden zum Erstgespräch eingeladen, bei dem auch meist der Firmenchef zugegen ist, der Personalchef oder der direkte zukünftige Vorgesetzte. Jedes Gespräch dauert ungefähr eine dreiviertel Stunde und soll natürlich Aufschluß geben über die fachliche Qualifikation, mindestens ebenso wichtig ist aber die Persönlichkeit. Höchstens drei Bewerber überstehen die erste Runde, die meisten scheitern daran, daß sie sich einfach nicht überzeugend "verkaufen" können. Geradezu erschütternd findet es Jürgen Half, daß viele Bewerber nicht einmal die eigene Ehefrau über einen möglichen Stellenwechsel informiert haben - und das, obwohl die neue Position oft mit einem Ortswechsel oder einer Veränderung des bisherigen Lebens- und Arbeitsrhythmus verbunden ist.

"Auch private Dinge", betont Half, "können manchmal Aufschluß geben über die Persönlichkeit eines Bewerbers." Schließlich sei ein intaktes Privatleben auch eine Basis für Leistungsfähigkeit und Persönlichkeit. Dazu zählt auch ein Hobby oder eine Freizeitbeschäftigung. Es macht immer einen positiven Eindruck, wenn sich jemand auch außerhalb des Berufslebens für etwas engagieren und begeistern kann. Ein harmonischer und ausgefüllter

Mensch lebt eben nicht nur für seinen Beruf. Im wesentlichen komme es in den Erstgesprächen darauf an, festzustellen, ob beide Seiten sich vorstellen können, zukünftig miteinander zu arbeiten. Und hier spielt die Sympathie die auschlaggebende Rolle.

Im zweiten Gespräch geht es dann noch etwas mehr in die Tiefe. Wer glaubt, jetzt stehe nur noch das Fachwissen auf dem Prüfstand, hat sich getäuscht. Es zeige sich immer wieder, so Jürgen Half, daß die Persönlichkeit auch zu diesem Zeitpunkt noch mindestens ebenso bedeutsam sei - und im Zweifelsfall eben entscheidend. Auch das zweite Gespräch verläuft in einem sehr sachlichen Rahmen. Es erstaunt den Personalberater, wie wenig sich viele Bewerber auf dieses Gespräch vorbereiten. "Sie wissen inzwischen, mit welchem Unternehmen sie es zu tun haben - aber sie haben in der Zwischenzeit weder die Chance genutzt, sich zu informieren, mit wem sie es genau zu tun haben, noch haben sie sich mit den Inhalten ihrer potentiellen Tätigkeit auseinandergesetzt." Daß dies einen denkbar schlechten - da uninteressierten - Eindruck mache, sei eigentlich selbstverständlich. Von einem Manager erwartet man schließlich, daß er sich mit dem Unternehmen identifiziert, das er repräsentiert, und daß er weiß, was auf ihn zukommt. "Ein Bewerber", erklärt Jürgen Half, "der zu Beginn des zweiten Vorstellungsgesprächs keine Frage hat, ist einfach durchgefallen." Er findet es schlicht erschreckend, wie viele hochqualifizierte Leute sich durch Schludrigkeit und Desinteresse ihre Chancen verbauen.

Sicherlich wird bei der Vorstellung eine Menge von den Bewerbern verlangt. Das sei nur verständlich, findet Jürgen Half, wenn man die zukünftigen Belastungen sieht, die die Position auf der Führungsetage zwangsläufig mit sich bringt. Dennoch: Von den bei einigen Unternehmen üblichen "Streßinterviews" für Manager hält er bei Vorstellungsgesprächen nichts. "Was nützt es", kritisiert er diese umstrittenen Auswahlverfahren, "wenn ein Mensch zwar alle Belastungen und Versuche, ihn fertigzumachen, übersteht - aber dennoch nicht in der Lage ist, Mitarbeiter menschlich und motivierend zu führen?" Sicher müsse ein Manager belastbar sein, aber das zeige sich auch, wenn er in der Lage ist, das doch

218

sehr anstrengende Gespräch, das nun wesentlich länger dauert als beim ersten Mal, ruhig, konzentriert und souverän zu meistern. Im übrigen zweifelt Jürgen Half daran, ob es wirklich die besten Führungskräfte sind, die auf alles, was von außen auf sie zukommt, eiskalt reagieren. Im Management kommt es zunehmend auf Eigenschaften wie Flexibilität, Motivationsfähigkeit und Kreativität an - und Menschen mit diesen Eigenschaften sind eben meistens keine knallharten Typen, sondern können auch sehr feinfühlig sein.

Von großer Wichtigkeit dagegen ist für Jürgen Half die Frage an den Bewerber, ob es etwas in seinem Leben gebe, auf das er ganz besonders stolz sei. "Einer herausragenden Persönlichkeit fällt zu dieser Frage spontan immer etwas ein", findet er. Es müsse gar nichts Großartiges sein - wesentlich ist, daß es im Leben des Bewerbers ein markantes Erlebnis, eine persönliche Leistung gab, die für ihn selbst etwas Besonderes war und durch die er sich nach eigenem Empfinden von der Masse abgehoben hat. "Wer nichts hat, auf das er stolz ist, ist auch nicht zu außergewöhnlichen Leistungen fähig", sagt Jürgen Half.

Im dritten Gespräch schließlich werde die endgültige Entscheidung gefällt, allerdings nur, wenn sich einer der Bewerber wirklich als *der* Mann oder *die* Frau herausstellt. Bei Führungskräften werden keine Kompromisse gemacht - da muß am Ende alles stimmen. Die Baumann-Gesellschaft und alle freien Personalberater legen es keineswegs darauf an, daß sie einem Auftraggeber auf Biegen und Brechen das gewünschte Personal besorgen. Manchmal, so Half, seien auch zwei oder mehr Ausschreibungen nötig, um ganz sicherzugehen. "Wir wollen auf gar keinen Fall, daß die Kunden ein Jahr später mit der Suche von vorne beginnen müssen." Ziel könne es nur sein, Führungspersönlichkeiten zu vermitteln, die effektiv und langfristig im Unternehmen tätig sind. Wer mit den vermittelten Kräften zufrieden sei, sei auch mit der Firma und der Person, die diese Mitarbeiter vermittelt hat, zufrieden. Und diese Kunden kommen wieder und empfehlen weiter.

Positiv beurteilt er die Zunahme an weiblichen Bewerbern in den letzten Jahren. Nicht nur die bessere Qualifikation von Frauen macht er dafür verantwortlich, vor allem das erstarkte Selbstbewußtsein, das nicht nur Ehrgeiz, den Willen zum Erfolg, sondern auch Charisma zur Folge habe. Natürlich gebe es auch heute noch die klassische "Karrierefrau", die glaubt, sich als besseren Mann verkaufen zu müssen. Aber die wirklich selbstbewußten Frauen, so Jürgen Half, hätten dies gar nicht nötig. Sie hätten nun einmal keine Probleme mit ihrem Geschlecht, weil sie wissen, was sie sind und können. "Gute Frauen", hat er festgestellt, "verstehen es auch, sich gut zu verkaufen." Ganz gleich, ob Mann oder Frau - am Ende bekommt immer der- oder diejenige den Job, der/die es schafft, den zukünftigen Arbeitgeber von sich zu überzeugen. Und einen "Frauenbonus" dürfen darauf spekulierende Damen nicht erwarten. Hart geht es zu auf den Führungsetagen der namhaften Unternehmen - unfair keineswegs. Jeder hat seine Chance - es kommt eben nur darauf an, sie zu nutzen. So oder so: Die Persönlichkeit, die menschliche Komponente ist entscheidend.

# Zum Erfolg gehört Kultur

## Viviane Goergen, Pianistin

*Viviane Goergen, Pianistin*

**Was erwartet Sie in diesem Kapitel?**

Ein Leben für die Musik

Musik als Kommunikationsmittel

Zielstrebigkeit und fester Glaube führen zum Erfolg

Es war eine Klavierlehrerin, die auf die musikalische Begabung der fünfjährigen Luxemburgerin Viviane Goergen aufmerksam wurde. Unterstützt von ihrem künstlerisch ambitionierten Vater, einem Maler, führte sie von frühester Jugend an das Leben eines "Wunderkindes". Sie wurde hochgelobt, mit vielen Preisen und Auszeichnungen überhäuft und stand in einem Alter im Mittelpunkt der internationalen kulturellen Öffentlichkeit, in dem andere gern in Discos gehen und für Popstars schwärmen. Die Popstars von Viviane Goergen waren die Herren Mozart, Beethoven, Haydn und andere Größen der klassischen Musik. Und ihre "Discos" waren die Konzertsäle in der ganzen Welt. Hat sie nicht manchmal das Gefühl, ihre Jugend versäumt zu haben? Es war ihr wohl bewußt, daß sie "etwas anders" als andere war, aber sie hat nie etwas getan, was sie nicht selbst wollte. Nur ihr Ehrgeiz und Wille waren der Antrieb für ihre Lebensentscheidungen, nicht der ihrer Eltern und Förderer.

"Die Musik hat mir immer so viel gegeben", meint Viviane Goergen, "ich hätte sie niemals aufgegeben für etwas anderes." Manchmal konnte ihr die Musik sogar Freunde ersetzen. Ihre Begeisterung war immer schon sehr extrem gewesen, für andere oft unverständlich oder befremdend, für sie selbst wesentlicher Teil ihrer Identität. Ohne diese Begeisterung hätte ihre Karriere wohl kaum diesen dynamischen Verlauf genommen. Sie studierte - noch neben der Schule - am Luxemburger Konservatorium, und mit 17 Jahren wurde ihr dort der 1. Preis für Klavier mit höchster Auszeichnung verliehen, zwei Jahre später der 1. Preis am Konservatorium der Stadt Nancy in Frankreich. Ihr musikalisches

Studium schloß sie am "Conservatoire National Supérieur de Musique" und an der "École Normale Supérieur de Musique" in Paris mit der "Licence de Piano" ab. Eine Zeitlang studierte sie "nebenbei" noch Sprachen in Paris, bis ihre musikalische Laufbahn sie zwang, Prioritäten zu setzen.

"Um dieses Leben führen zu können", erklärt Viviane Goergen, "braucht man schon ein ungeheures Maß an Begeisterung. Ich habe mein Leben nie als schwer empfunden." Schule, Studium, ständige Ortswechsel, Konzerte und täglich mehrere Stunden üben - eigentlich kaum vorstellbar, daß ein junger Mensch dies nicht nur konsequent durchhält, sondern auch noch Freude daran hat. "Die eine Tätigkeit hat mich von der anderen erholt", meint die Pianistin. "Wenn ich geübt habe, habe ich mich von der Schule erholt, wenn ich studiert habe, vom Üben - und so fort. Ich hatte nie das Gefühl, unwahrscheinlich viel zu arbeiten."

Die Zielstrebigkeit der jungen Pianistin wurde belohnt. 1973 wurde Viviane Goergen als kulturelle Vertretung des Staates Luxemburg damit beauftragt, anläßlich des Beitritts Englands zur EWG ein Klavierkonzert in London zu geben.

Es folgten Konzerte in ganz Europa, Fernsehauftritte, Rundfunk- und Schallplattenaufnahmen, zuerst als Solistin und später gemeinsam mit ihrem Ehemann, dem Schweizer Cellisten Daniel Robert Graf, den sie während ihres Studiums in Paris kennengelernt hatte. Die gemeinsame Liebe zur Musik verband das Paar zwölf Jahre lang beruflich und privat, bis - Schicksal vieler Künstlerpaare - die Ehe scheiterte.

Resümierend findet sie es schade, daß der Erfolg vieler Frauen mit dem Verzicht auf eine harmonische Partnerschaft erkauft wird. Erfolgreiche Männer hätten dieses Problem selten. Sie sieht die Ursache dafür im nach wie vor bestehenden Rollenverständnis. Für Frauen sei es selbstverständlich, im Schatten eines erfolgreichen Mannes zu stehen, aber ein Mann verkrafte nur selten eine erfolgreiche Partnerin an seiner Seite. "Für meinen Mann war es ein echtes Problem, wenn ich Solo spielte und im Vordergrund stand", schildert sie ihre persönlichen Erfahrungen. Sie findet, daß die Männer großzügiger werden sollten und endlich begreifen müßten, daß es in unserer Zeit selbstverständlich und normal ist, wenn Frauen ihre Begabungen nutzen und Erfolg haben.

Viviane Goergen trat wieder als Solistin auf. Auf allen Bühnen wurde sie gefeiert, sei es bei ihren Konzertreisen oder bei offiziellen Anlässen wie Staatsbesuchen und Empfängen. Sie spielte vor der holländischen Königin, vor Bundespräsident Richard von Weizsäcker und dem Kaiser von Japan, vor Politikern und dem europäischen Hochadel. "Das ist auch eine schöne Seite an meinem Beruf", findet sie, "daß man ganz tolle und interessante Leute aus allen Bereichen kennenlernt." Sie liebt es, mit Menschen umzugehen, interessiert sich für sie und - daraus macht sie keinen Hehl - stellt auch gern Fragen. Sie, die selbst im Rampenlicht der Öffentlichkeit steht, findet es immer spannend, Persönlichkeiten des öffentlichen Lebens zu treffen und sie als ganz normale und natürliche Menschen zu erleben.

Der Applaus bedeutet für Viviane Goergen nicht alles. Sie sieht in der Musik eher eine Form der Kommunikation. "Mir ist es sehr wichtig, anderen Menschen etwas mitzuteilen", definiert sie ihren künstlerischen Anspruch. Die Musik, die ihr selbst so viel bedeute, wolle sie anderen näherbringen. Was sie selbst glücklich macht, möchte sie anderen gern weitergeben. Manchmal berührt sie das ergriffene Schweigen des Publikums nach einer Darbietung wesentlich mehr als donnernder Applaus.

Auf dem Höhepunkt ihrer Karriere setzte sich Viviane Goergen ein neues Ziel: Sie legte ihren Schwerpunkt auf die Klaviermusik von Robert Schumann, der sie als Musiker und als Mensch fasziniert. Ohne ihn zu kennen, stellt sich die Persönlichkeit eines Komponisten für einen musisch Gebildeten in Form seiner Werke wie ein offenes Buch dar. Das Leidenschaftliche und das Introvertierte - diese charakterlichen Gegensätze konnte Viviane Goergen in Robert Schumann finden, neben seiner großen Liebe zur Literatur. "Man will ja den Menschen verstehen", erklärt sie. "Wenn man das nicht kann, kann man auch seine Musik nicht nachempfinden und nicht interpretieren." Sogar Stimmungsänderungen könne man an den Kompositionen ablesen.

Täglich übt Viviane Goergen mindestens fünf Stunden, sogar

manchmal bis zu zwölf Stunden am heimischen Flügel. Das komplette Konzertprogramm muß ihr in Fleisch und Blut übergehen. "Das geht einfach nur durch ständige Wiederholung, immer und immer wieder", betont die Künstlerin - und bestätigt damit das 14. Grundgesetz der Lebensentfaltung: "Glaube führt zur Tat. Konzentration führt zum Erfolg. Wiederholung führt zur Meisterschaft."

Meisterschaft im Klavierspielen - das bedeutet: die Musik über das Ohr aufnehmen und im Gehirn speichern, bis ein fertiges Bild von der Komposition fest im Gedächtnis einprogrammiert ist und nur noch abgerufen werden muß. Die Hände setzen dann dieses Bild um, fügen es wieder zusammen, indem sie exakt im richtigen Abstand, Tempo und Gefühl die richtigen Töne anschlagen. Die Beherrschung der Technik sowie die volle Konzentration während eines Konzertes ist absolut notwendig, doch bestimmte Bewegungsabläufe sind fast automatisch und unbewußt. "Da gibt es das Phänomen", erklärt Viviane Goergen, "daß die Hand das Bild der Komposition direkt in Bewegungen umsetzt, daß z. B. der Abstand des Ellbogens vom Körper während des Spielens einer bestimmten Passage auf den Millimeter genau immer gleich ist."

Trotz ihrer Spezialisierung auf Schumann will sie ihr Repertoire nach wie vor so umfangreich wie möglich halten, wobei es allerdings durchaus Vorlieben und Abneigungen gibt. Wenig anfangen konnte sie bisher mit Bach. "Vielleicht bin ich dafür noch nicht alt genug", lacht sie. Nicht jede Musikrichtung, nicht jeden Komponisten könne man verstehen. Wenn man keinen Zugang zu der Musik finde, solle man auch nicht versuchen, sie zu spielen.

Sie bewundert hervorragende Bach-Interpreten wie Glenn Gould. Über den Kollegen Horowitz meint sie: "Seine Interpretationen der Scarlatti-Sonaten sind vom Schönsten, was ich mir erträumen könnte." Auch für Meister anderer Instrumente kann sie sich begeistern. "Mich fasziniert einfach jeder Mensch, der begabt ist", bringt sie es auf den Punkt.

Das Unterrichten talentierter Kinder und Jugendlicher liegt ihr sehr am Herzen. Die Begeisterung der Lehrerin scheint für die Schüler äußerst motivierend zu sein. Das Entdecken, Aufbauen und Fördern von Talenten findet Viviane Goergen eine sehr bereichernde Aufgabe: "Ich bekomme so viel zurück", meint sie. Es ist ihr auch sehr wichtig, ihren Schülern eine positive Einstellung zum Lernen und zum Instrument zu vermitteln. "Wenn man an den Gedanken arbeiten kann, dann arbeitet man an der Quelle. Wenn ein Schüler ständig darüber nachdenkt, daß eine bestimmte Passage furchtbar schwierig ist", erklärt sie, "dann kann er sie nach zehnmal Üben überhaupt nicht mehr spielen, weil er völlig blockiert ist. Wenn er aber positiv an die Sache herangeht, schafft er es auch."

Für ihre persönliche Zukunft hat die weltweit erfolgreiche Pianistin durchaus noch Träume: "Einmal möchte ich in der Carnegie Hall in New York spielen." Auch möchte sie ihre Schumann-Klavierkonzerte der Öffentlichkeit darbieten. Im privaten Bereich möchte sie sich gern etwas intensiver mit Psychologie beschäftigen, vielleicht sogar in Form eines Studiums.

Wenn sich die Künstlerin dann an den heimischen Flügel setzt und die "Träumereien" von Schumann interpretiert, wird die Bedeutung ihrer Aussage bewußt: "Wenn jemand begabt ist, wird er alles tun, um seine Begabung zu entfalten - allen Hindernissen und allen Opfern, die er vielleicht dafür im Leben bringen muß, zum Trotz." Damit wird noch einmal deutlich: Der feste Glaube an die eigene Begabung ist die Voraussetzung, Zweifel - das heißt innere Widerstände - zu überwinden.

# Literaturhinweise

Arndt, R.: Zeitbewußtsein, Bonn

Bandler, R./Grinder, J.: Neue Wege der Kurzzeit-Therapie, Paderborn 1981

de Chardin, P.T.: Die Zukunft des Menschen, München 1982

Eibl-Eibesfeld, J.: Grundriß der vergleichenden Verhaltensforschung, München 1967

Enkelmann, N.B.: Mit Freude leben, München 1991
    Mit Freude erfolgreich sein, München 1991
    Finde Deinen Stil, München 1987
    Das System zum Erfolg, München

Fester, F.: Das Kybernetische Zeitalter, Stuttgart 1980

Frankle, V.: Die Suche des Menschen nach dem Sinn, München 1979

Hass, H.: Energon, Wien 1970

Huxley, J.: Ich sehe den künftigen Menschen, München 1965

Jay, A.: Management und Macchiavelli, Düsseldorf 1968

Lorenz, K.: Die Rückseite des Spiegels, München 1973

Lowen, A.: Körperausdruck und Persönlichkeit, München 1981

Nietsche, Fr.: Der Wille zur Macht, Leipzig 1930

Popper, K.R./Eccles, J.C.: Das Ich und sein Gehirn, München 1982

Restak, R.M.: Geheimnisse des menschlichen Gehirns, München 1989

Scholz, W. von: Der Zufall und das Schicksal, München 1959

Schuller, R.: Harte Zeiten - Sie stehen Sie durch, Genf 1985
    Erfolg kennt keine Grenzen, München 1991
    Aufwärts zum Erfolg, München 1987

Skinner, B.F.: Die Funktion der Verstärkung in der Verhaltenswissenschaft, München 1973

Toynbee, A.J.: A study of history

Watzlawick, P.: Münchhausens Zopf, Bern 1988

Zeig, J.K.: Meine Stimme begleitet Sie überallhin, Stuttgart 1985